写真が語る激動の1世紀

板橋区のいまむかし

JN001615

山下ルミコ

◎成増駅　1954（昭和29）年9月　撮影：竹中泰彦

昭和のアルバム 懐かしの板橋　鉄道

.....Contents

パワフルだった「昭和の板橋」

漢学者・吉田増蔵氏が考案したという「昭和」の元号は、儒教の教書・四書五経の「百姓昭明 協和万邦」が出典で、「人々の平和と世界の共存共栄」を願う意味が込められている。

しかしその願いとは裏腹に、板橋区が誕生する前年の1931（昭和6）年に満州事変が起こり、この年から昭和20年までは全国民が戦時下の過酷な生活を強いられて行く。

1932（昭和7）年10月、新東京市は周辺の郡部を加えて35区（戦後23区に再編）となる。その中には9町村を合併して編入した「板橋区」も含まれていた。同じ年には5・15事件、4年後には、2・26事件が起きている。このテロやクーデターが勃発する不安定な世情の一方では、関東大震災復興事業が着々と進み、広大な面積を有する「板橋」も巻き込まれた。大震災の被害は少なかったが、震災後の板橋区は大きな変革期を迎えた。

特に、大正14年に「工業地域甲種特別地域」に指定された志村地区は、昭和に入り、製鉄・化学・印刷などの大規模な工場の参入が相次ぎ、「工業都市・板橋」のイメージが定着した。工業地区の発展が目立った板橋だが、それでも昭和22年に練馬区が分離されるまでは、「東京の満州」と言われるほどに広い面積の農地や豊かな自然が残されていた。

昭和30年代に入り、「もはや戦後ではない！」と高度成長期に突入。都内では昭和33年に東京タワーが完成、同34〜35年に安保闘争が始まり、同39年に新幹線開通と東京オリンピックが開催された。そして昭和41年には総人口が1億人を突破する。

営団成増駅
1983（昭和58）年
当駅は2004年４月、地下鉄成増に改称した。現在は副都心線も乗り入れ、他事業者（東武、西武、東急、横浜高速、相鉄）と相互直通運転が行われている。
◎撮影：山田虎雄

蓮根駅
1970（昭和45）年頃
志村坂上を過ぎると中山道直下を左に逸れ、地上に出て高架線を行き、志村三丁目を経て蓮根に到着する。地価が高い国道沿いの高架線建設を避けたルートと言われる。
◎撮影：山田虎雄

板橋区も、昭和30年代からの高度成長期を迎え、交通網が拡充し、光学産業が花形になり、高島平団地の誕生などで変貌した。まさに激動の昭和を突っ走ったのだ。光には陰で、環境汚染の誘発や公害問題がクローズアップされることになったが、板橋区は、東京23区に先駆けて建築課の中に「公害係」を新設している。昭和の時代は都市化の始まりと言われるが、道路拡幅、区画整理、住宅街の建設、商店街や公園の増設などでパワフルだった板橋の歴史は、経済大国だった日本の底力の証しでもあった。

特に田園風景が市街地化した変貌は目を見張るものがある。その背景には、都営地下鉄や東京メトロの開通があり、また、首都圏への人口流入を予測した政府の農地宅地化（農地の宅地並み課税など）の推進もあった。これらにより昭和50年代から板橋は急激に農地が宅地化して行った。

もちろん、それ以前の昭和30年代から、都営中層団地が蓮根や向原などの地域で建設され、昭和40年代には各方面から注目された高層団地の高島平団地が建設されている。現在、各団地は建て替え時期を迎え、板橋はまた新たな課題にチャレンジして行くことになる。

しかし、宅地化が進み、農地が減った今も変わらないものもある。田遊びなどの農村行事だ。「三頭立ちの獅子舞」や「四ツ竹踊り」などの民俗芸能もそのまま継承されている。これらの郷土芸能が伝わる徳丸・赤塚地域の人々は、「赤塚・徳丸田んぼ」がマンモスの高島平団地に姿を変えても、地域に根付き、育まれた神事芸能を後世に伝えて行く努力を惜しまない。自然に祈り、感謝する中で培った心の豊かさは、板橋文化を支える原動力になっているのだ。

下赤塚駅南口
1968（昭和43）年
下り線のホーム側にあるのが南口で、当時の駅舎は単独の建物だった。まだ地下鉄が開通しておらず、国道254号の交通量も今ほど多くはなかった時代だ。
◎撮影：荻原二郎

下赤塚駅を出る8000系
1971（昭和46）年
池袋～成増間を運行していた8000系の電車。この形式は1963（昭和38）年に登場し、2023年に還暦を迎えるまで活躍した。
◎撮影：荻原二郎

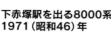

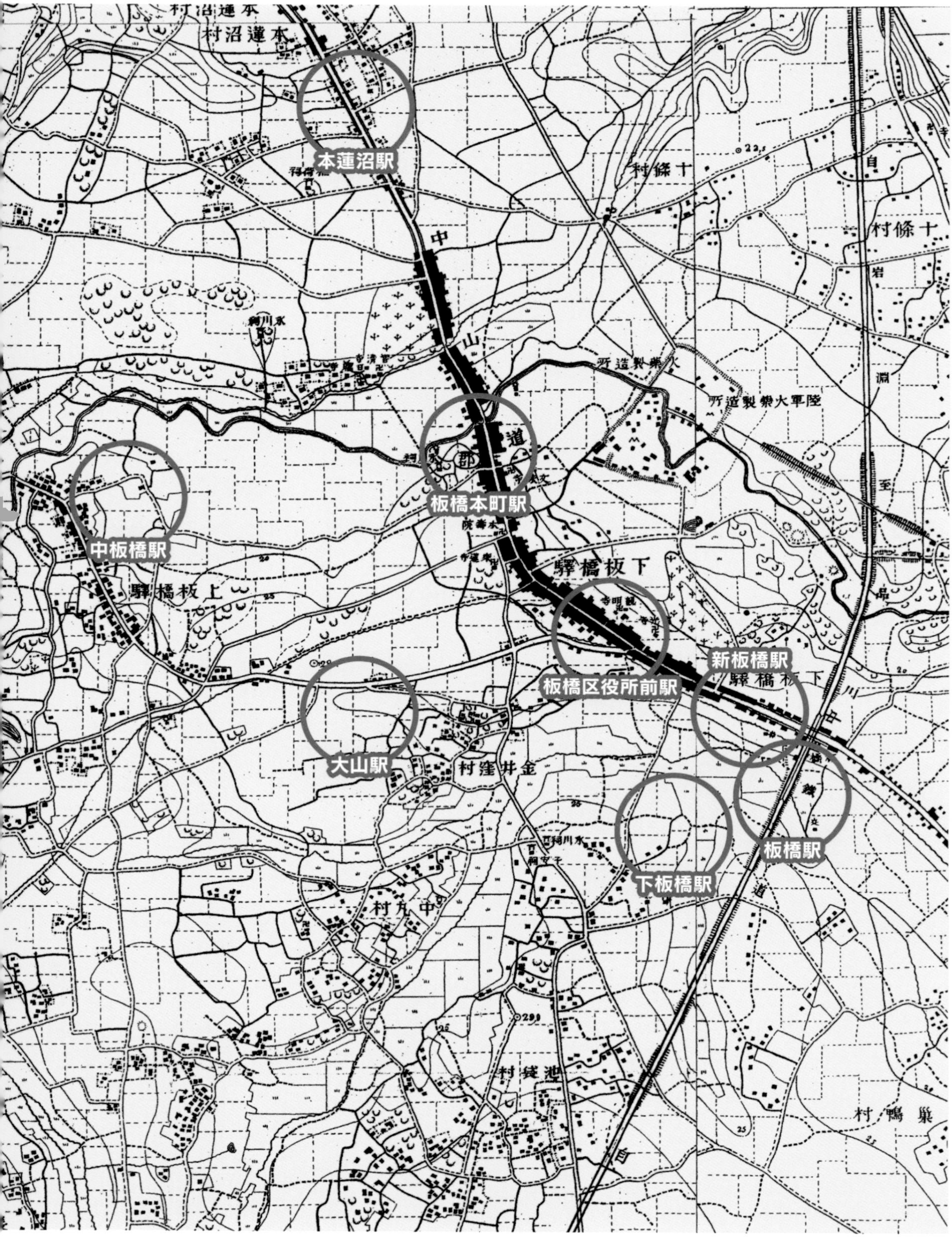
本蓮沼駅
板橋本町駅
中板橋駅
板橋区役所前駅
新板橋駅
大山駅
下板橋駅
板橋駅

明治14(1881)年当時の北豊島郡

帝国陸軍参謀本部陸地測量部「1/20000地形図」

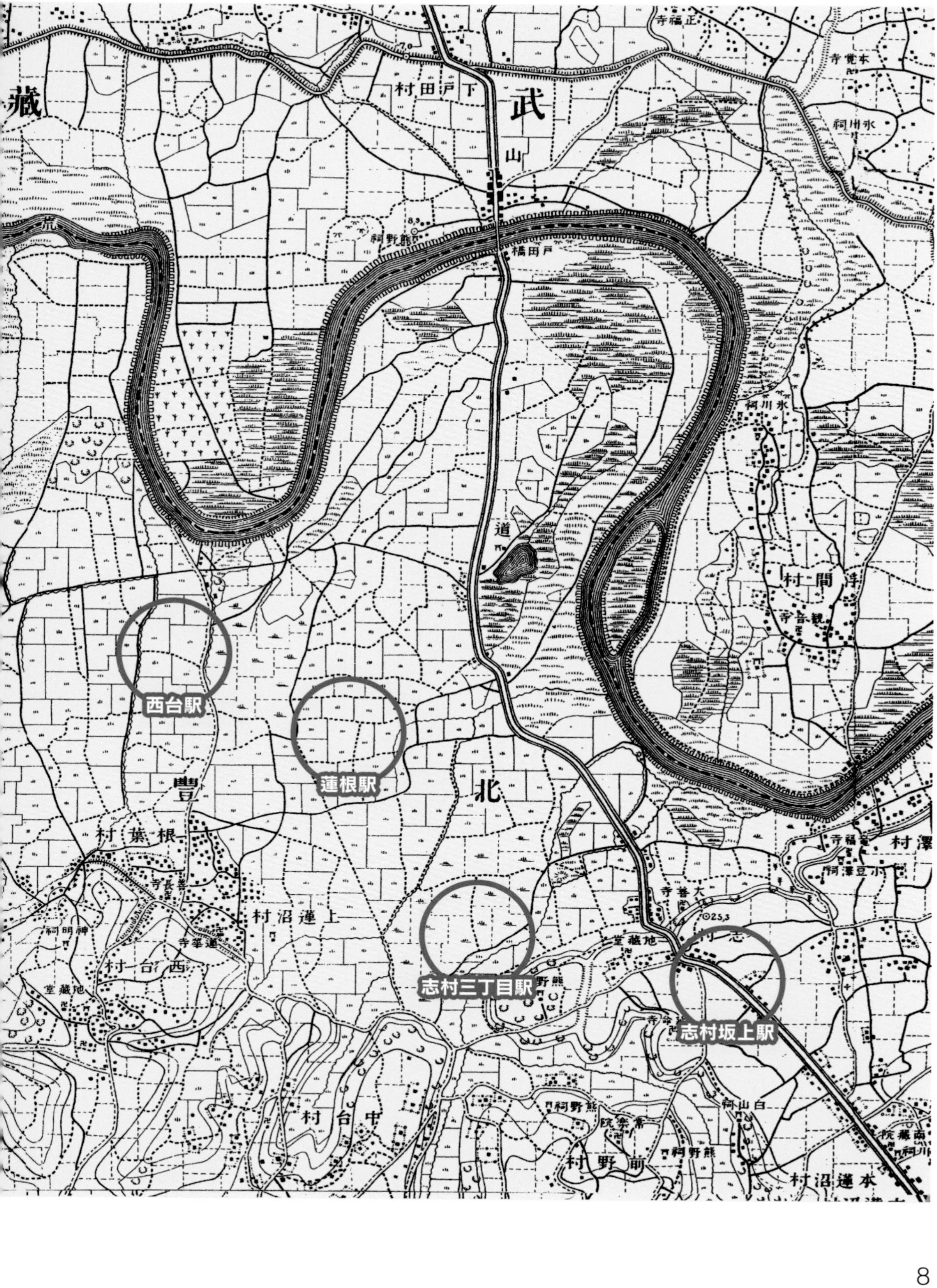

西台駅
蓮根駅
志村三丁目駅
志村坂上駅
下戸田村
戸田橋
熊野祠
氷川祠
浮間村
觀音寺
正福寺
本覺寺
大善寺
地藏堂
上蓮沼村
根葉村
西台村
神明祠
中台村
前野村
本蓮沼村
白山祠
南藏院

明治13（1880）年当時の北豊島郡

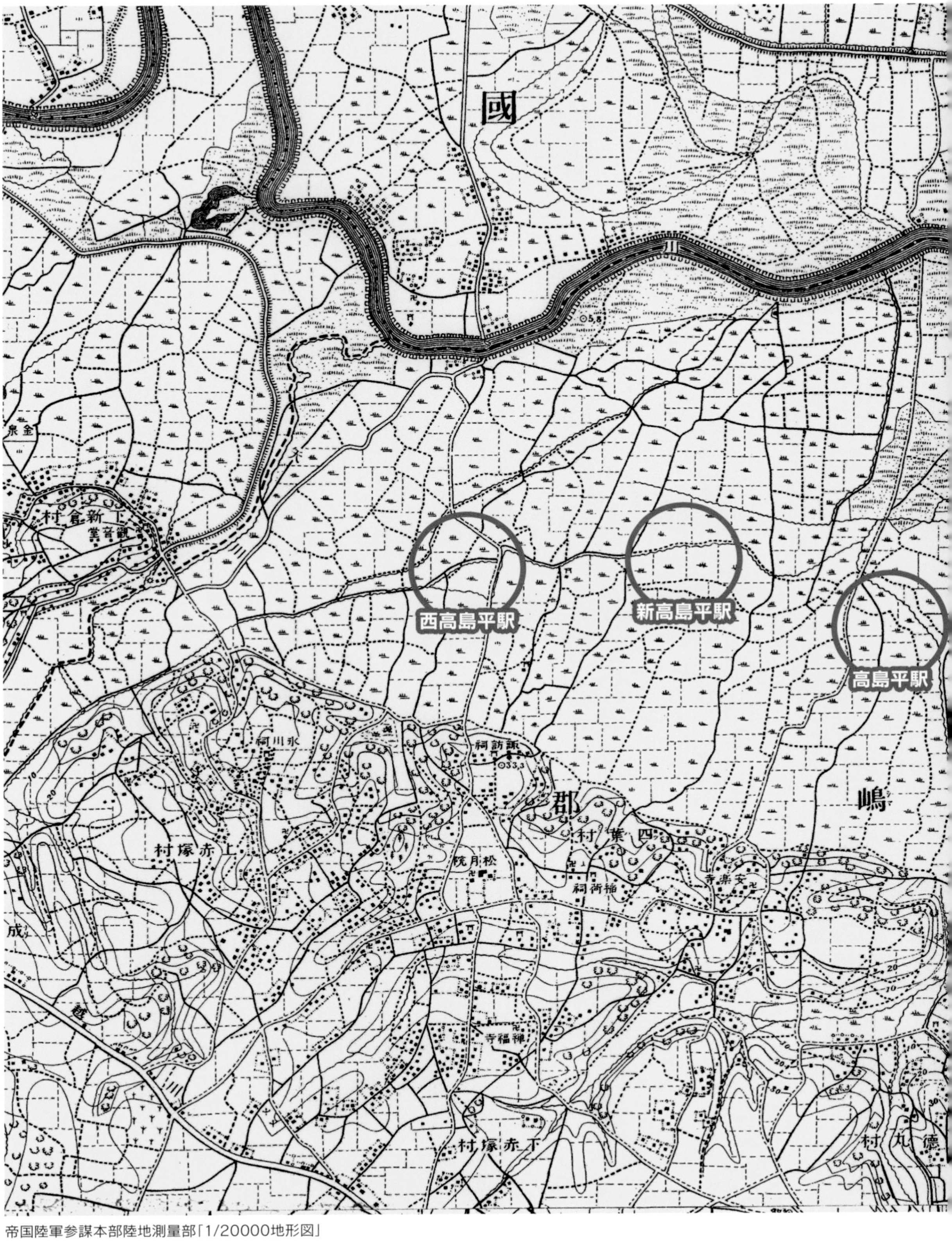

帝国陸軍参謀本部陸地測量部「1/20000地形図」

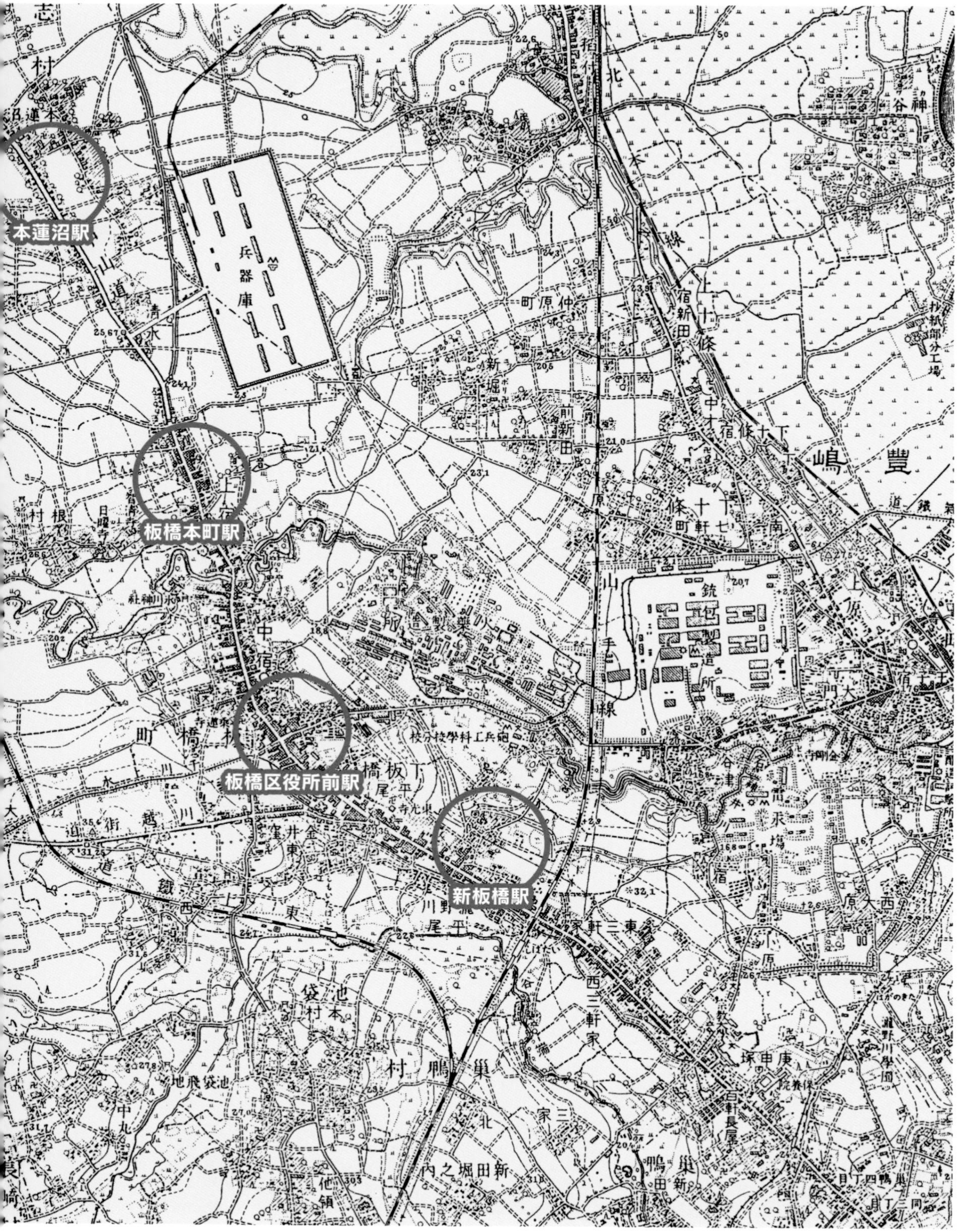
本蓮沼駅
板橋本町駅
板橋区役所前駅
新板橋駅

大正4(1915)年当時の東上鉄道沿線

帝国陸軍参謀本部陸地測量部「1/20000地形図」

笹目村
戸田村
新高島平駅
高島平駅
西台駅
蓮根駅
赤塚
志村

大正4(1915)年当時の東上鉄道沿線

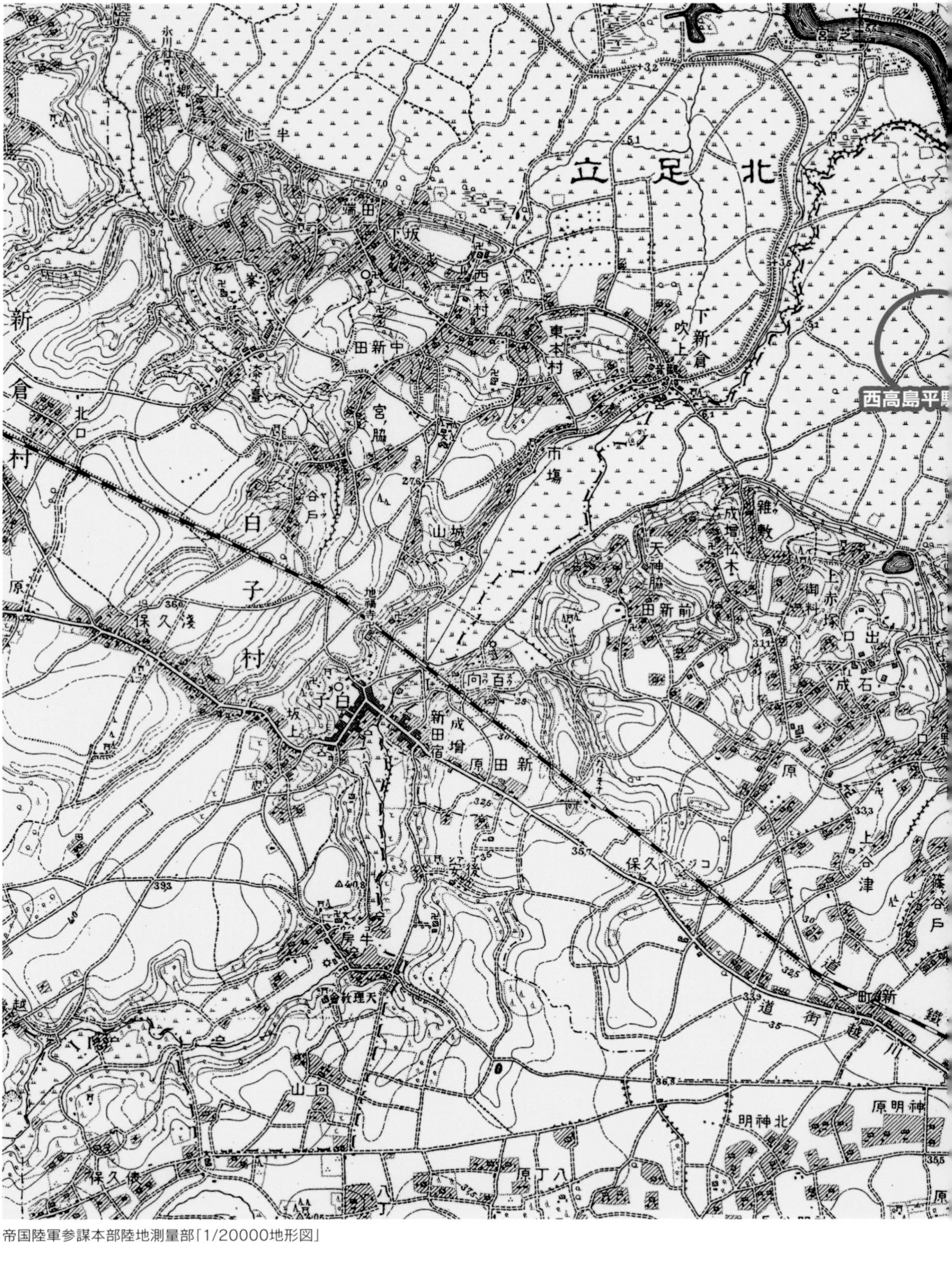

帝国陸軍参謀本部陸地測量部「1/20000地形図」

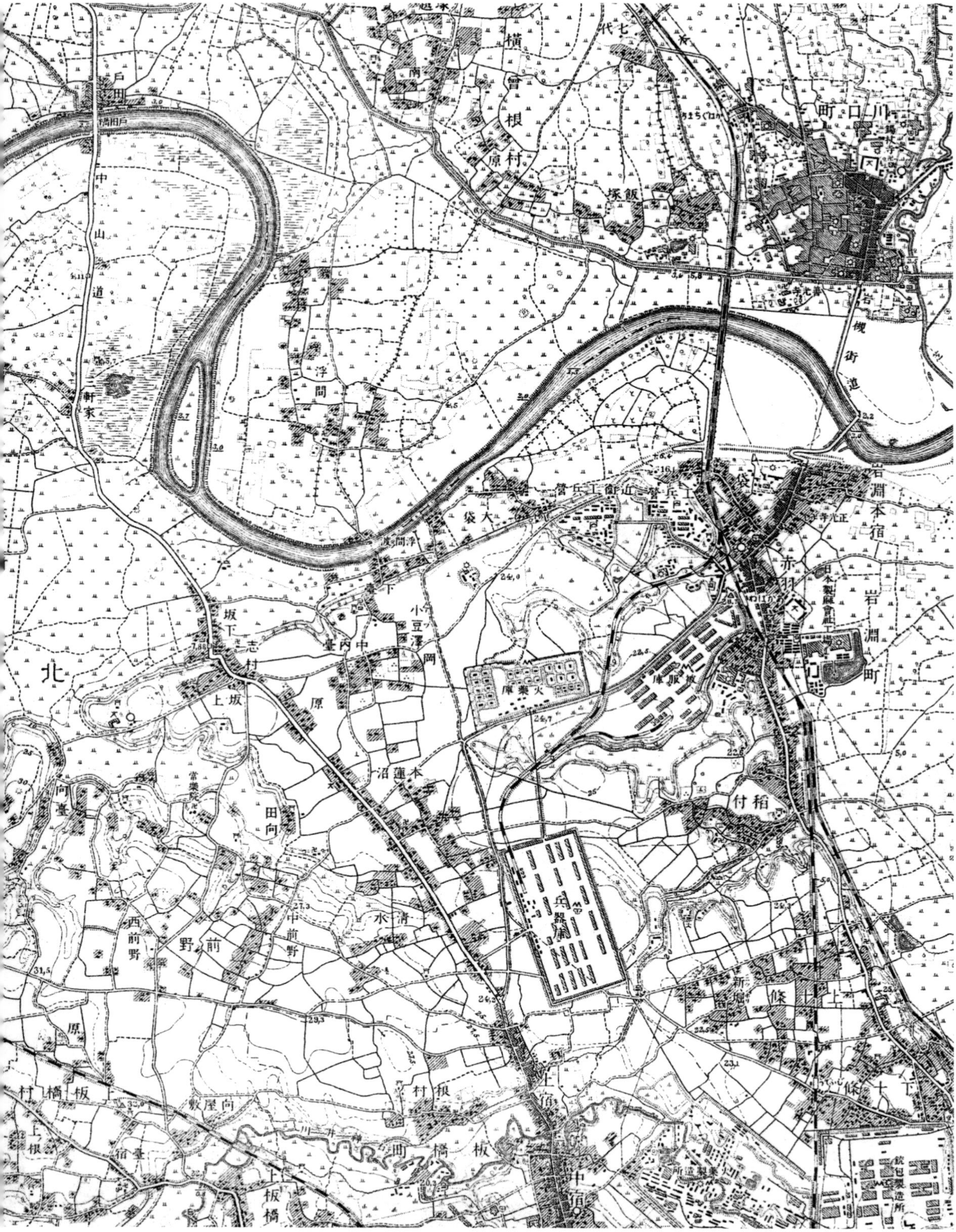

戸田
戸田橋
中山道
三軒家
川口町
飯塚
善光寺
岩槻街道
浮間
近衛工兵営
大袋
岩淵本宿
正光寺
赤羽
岩淵町
被服廠
火薬庫
志村
本蓮沼
稲付
兵器廠
清水
前野
中前野
西前野
新堀
上十條
下十條
上板橋村
向屋敷
板橋町
北

大正6(1917)年当時の北豊島郡

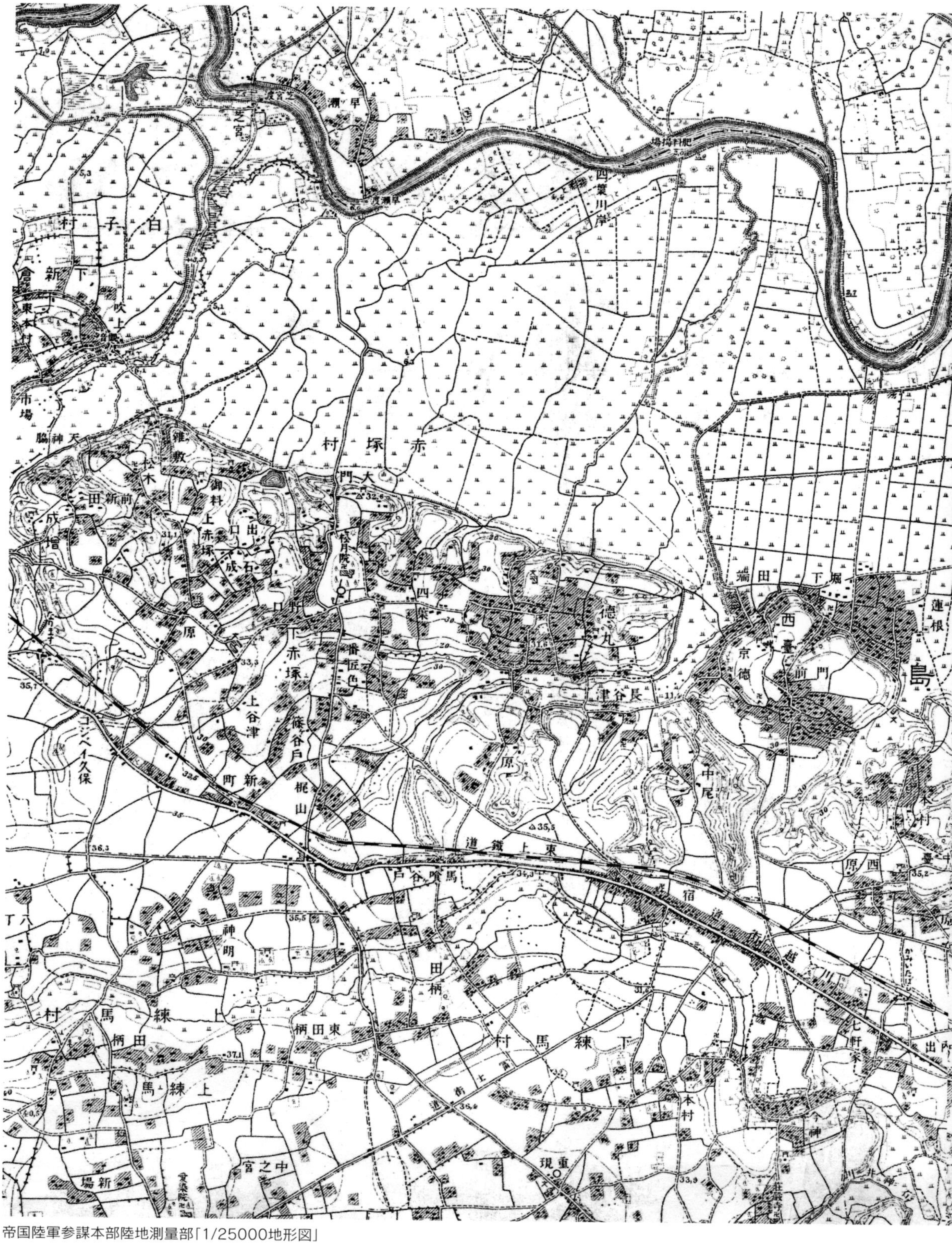

帝国陸軍参謀本部陸地測量部「1/25000地形図」

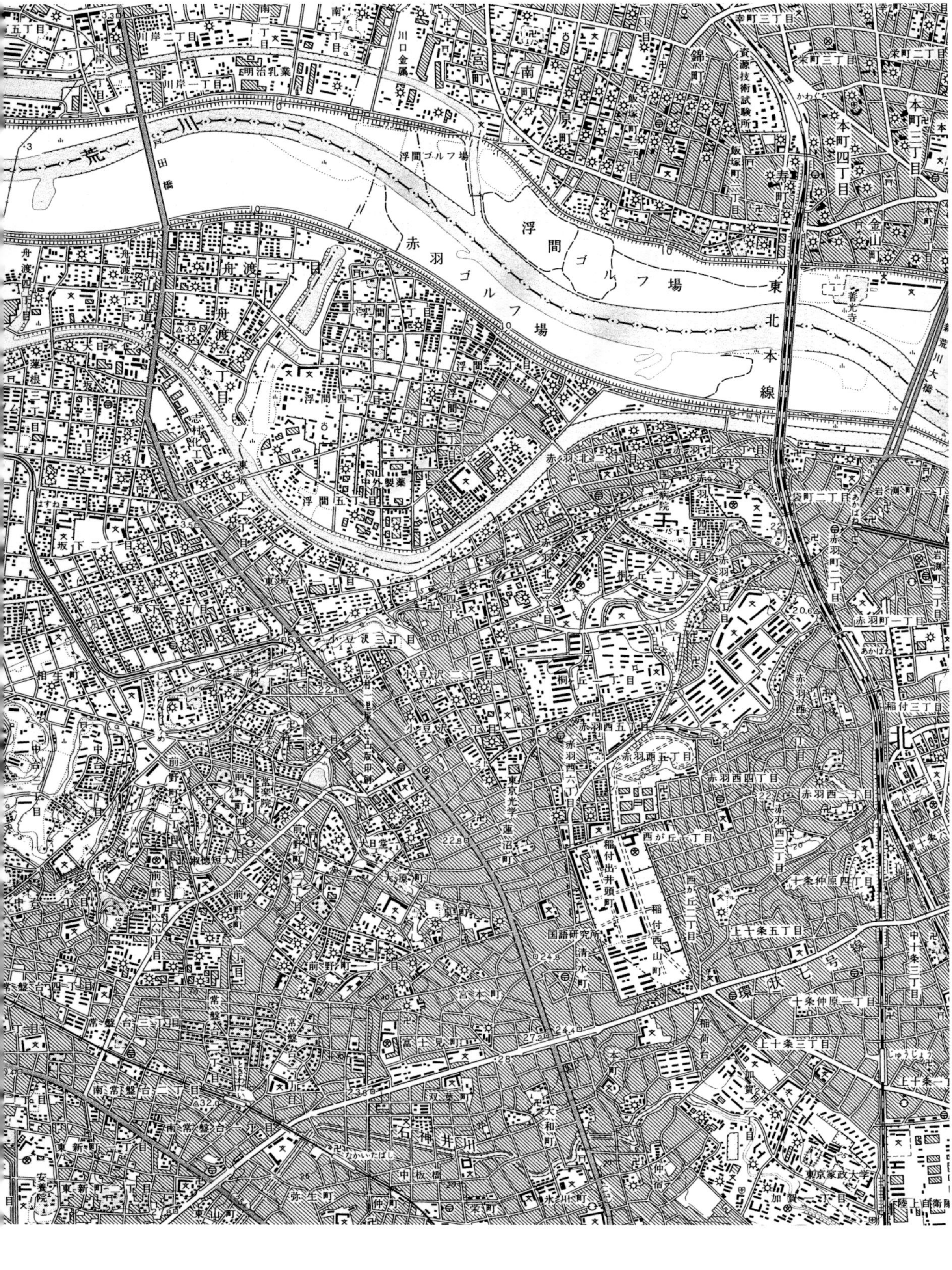

幸町三丁目
栄町三丁目
栄町二丁目
川岸二丁目
川岸一丁目
明治乳業
川口金属
宮町
南町
原町
錦町
資源技術試験所
飯塚町
本町四丁目
本町三丁目
寿町
金山町
かわぐち
荒川
戸田橋
浮間ゴルフ場
赤羽ゴルフ場
東北本線
善光寺
新荒川大橋
舟渡二丁目
舟渡
浮間二丁目
浮間四丁目
浮間五丁目
中外製薬
志村化工
坂下二丁目
東坂下二丁目
赤羽北二丁目
赤羽北一丁目
国立病院
袋町二丁目
岩淵町一丁目
岩淵町二丁目
赤羽町二丁目
赤羽町一丁目
あかばね
稲付三丁目
桐ケ丘二丁目
桐ケ丘一丁目
小豆沢三丁目
小豆沢二丁目
小豆沢一丁目
相生町
赤羽西五丁目
赤羽西四丁目
赤羽西三丁目
赤羽西六丁目
東京光学
蓮沼町
西が丘一丁目
西が丘二丁目
稲付出井頭町
稲付西山町
国語研究所
清水町
十条仲原四丁目
上十条五丁目
環状七号線
中十条三丁目
十条仲原一丁目
上十条三丁目
じゅうじょう
上十条一
稲荷台
本町
加賀二丁目
加賀一丁目
東京家政大学
陸上自衛隊
常楽院
淑徳短大
前野町
前野町一丁目
大原町
宮本町
富士見町
常盤台四丁目
常盤台三丁目
南常盤台二丁目
南常盤台一丁目
東新町一丁目
東新町二丁目
双葉町
大和町
石神井川
なかいたばし
中板橋
弥生町
仲町
氷川町

昭和43(1968)年当時の板橋区

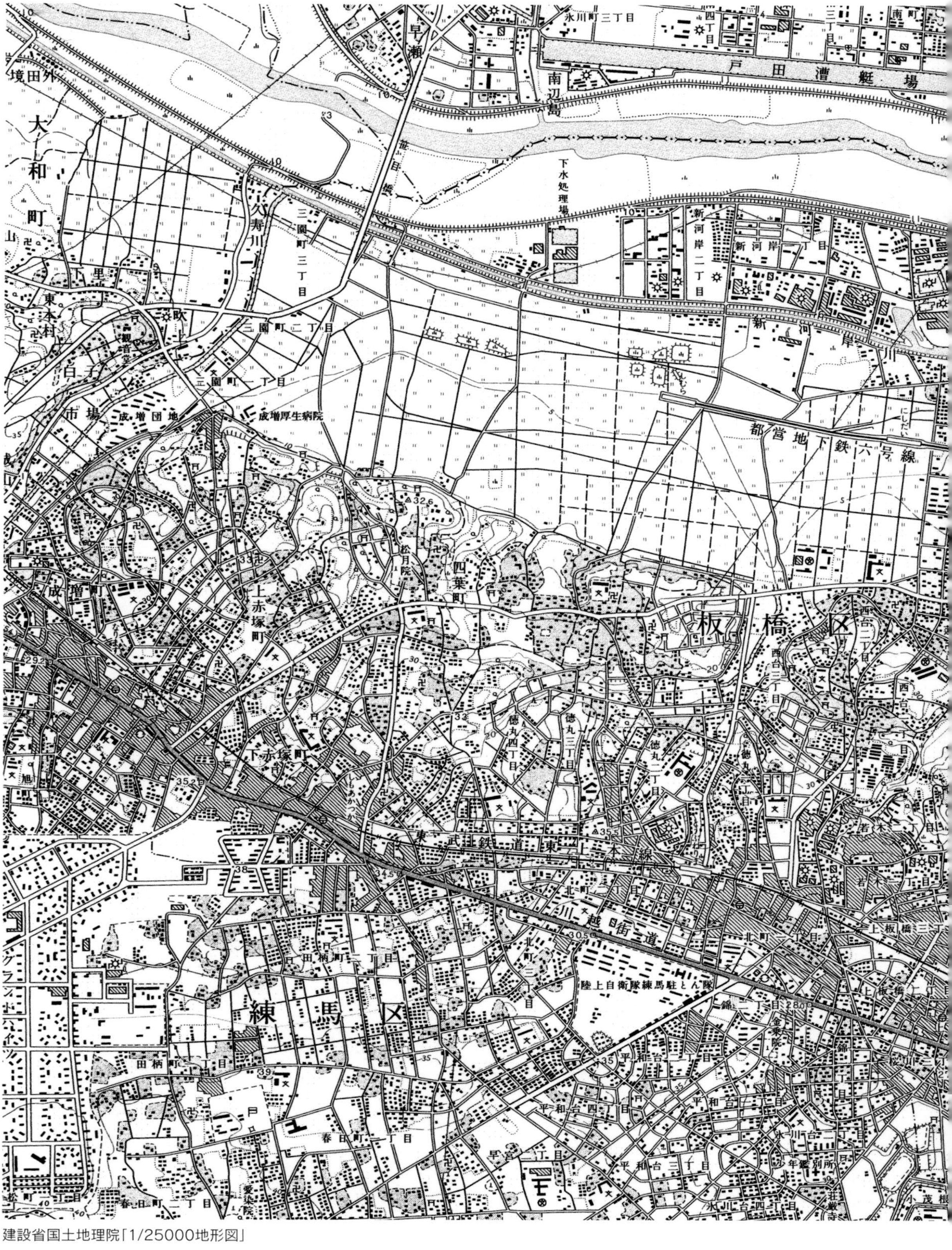

建設省国土地理院「1/25000地形図」

川岸一丁目
菖蒲川
荒川
戸田橋
埼京線
舟渡二丁目
舟渡三丁目
舟渡一丁目
浮間ゴルフ場
赤羽ゴルフ場
東北本線
新荒川大橋
善光寺
幸町三丁目
幸町二丁目
栄町三丁目
本町三丁目
かわぐち
川口六丁目
川口四丁目
川口一丁目
川口金属工場
南町二丁目
南町一丁目
宮町
原町
飯塚三丁目
飯塚一丁目
飯原町
飯塚四丁目
金山町
本町一丁目
浮間二丁目
浮間一丁目
新幹線
浮間四丁目
きたあかばね
赤羽北一丁目
赤羽三丁目
岩淵町
赤羽台四丁目
国立王子病院
桐ヶ丘二丁目
赤羽北三丁目
浮間五丁目
中山道
東坂下二丁目
東坂下一丁目
坂下三丁目
坂下二丁目
坂下一丁目
はすね
都営地下鉄三田線
小豆沢三丁目
志村一丁目
志村二丁目
志村一里塚
しむらさかうえ
相生町
桐ヶ丘一丁目
赤羽台一丁目
赤羽台二丁目
赤羽西一丁目
あかばね
赤羽二丁目
赤羽南一丁目
北区
赤羽南二丁目
赤羽西五丁目
赤羽西二丁目
赤羽西六丁目
赤羽西三丁目
小豆沢一丁目
台三丁目
前野町五丁目
常楽院
長徳寺
蓮沼町
西が丘一丁目
十条仲原四丁目
大原町
前野町三丁目
西が丘競技場
西が丘三丁目
工業技術センター
上十条五丁目
中十条三丁目
台一丁目
泉町
前野町一丁目
国語研究所
清水町
宮本町
四丁目
常盤台三丁目
上十条三丁目
常盤台一丁目
ときわだい
富士見町
いたばしほんちょう
本町
稲荷台
帝京大学
じゅうじょう
上十条一丁目
大和町
双葉町
石神井川
東新町一丁目
南常盤台一丁目
加賀二丁目
東京家政大学
養護学校
中板橋
なかいたばし
仲宿
東新町二丁目
養育院
弥生町
氷川町
仲町
加賀一丁目

平成元(1989)年当時の板橋区

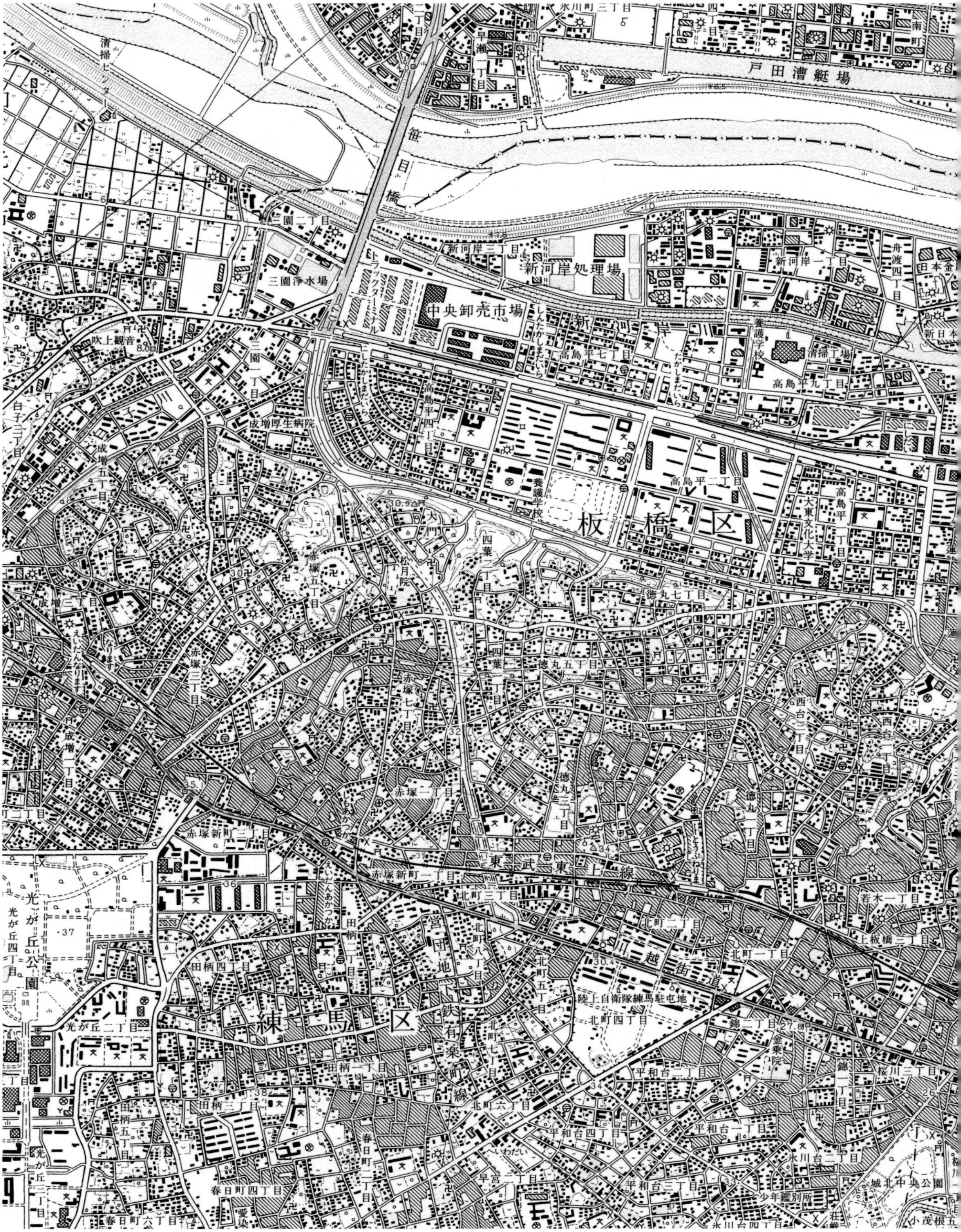

建設省国土地理院「1/25000地形図」

街道で始まる板橋

東京の北西部に位置する板橋は、江戸時代に整備された街道と宿場町を中心に発展してきた。旧中山道・板橋宿の周辺は、歴史の足跡だけでなく豊かな自然にも恵まれ、春は石神井川両岸の桜が満開になり、板橋を代表する見どころスポットになっている。

「板橋」はかつて石神井川に架けられた旧中山道の板の橋が地名の由来だと言われている。その後、何度か架け替えられて来たが、1932（昭和7）年、板橋町が東京市へ編入されて「板橋区」になった時にも、現在のモダンなコンクリート製の橋に架け替えられた。

板橋区も橋と同じで有為転変する。かつて賑わった宿場町は商店街に姿を変え、昭和30年代までは「徳丸たんぼ」と呼ばれた穀倉地帯は、高層住宅が建ち並ぶ高島平団地となった。また、埼玉県境に近い赤塚地域では都市農業、荒川沿岸部では製造業を中心とした工業が発達し、産業都市となっている。さらに都心へのアクセスに恵まれているので、今や板橋は、都内有数のベッドタウンとしての顔も併せ持っている。

江戸時代の板橋（江戸名所図会「板橋駅」長谷川雪旦画）

板橋宿は、南の滝野川村境から北の前野村境まで20町９間（約2.2km）の長さがあり、この橋から京よりを上宿、江戸寄りを中宿・平尾宿と称し、三宿を総称して板橋宿と呼んだ。その中心となるのは、本陣や問屋場、旅籠が軒を並べる中宿で、江戸時代の地誌「江戸名所図会」を見ると、橋の周辺の賑わいがうかがえる。

木曾街道板橋之駅（浮世絵）渓斎英泉画

江戸末期の1835（天保６）年、木曾街道板橋之駅の浮世絵。平尾宿の日本橋側の入口（現在のJR板橋駅付近）が描かれている。画面の左端、道の中央には、「これより板橋」と記されているであろう傍示杭が建っている。行き交う様々な旅人や駕籠かき、店先で馬のために草鞋を取り替える馬子の姿など、当時の様子が生き生きと伝わってくる。

1875（明治８）年頃の板橋
橋の形態から、江戸時代の末に架橋されたと思われる。太鼓橋状の木製の橋で、長さは９間（16.2m）、幅３間（5.4m）あった。写真は、1975（明治８）年頃に撮影されたもので、橋には日本橋より「二里十五町三十三間」の立札がある。写真に写る宿の様子も江戸時代とそう変化はなく、最古の板橋宿の面影を伝えている。

大正時代の板橋
上宿と中宿の間に流れる幅７間（12.6m）の石神井川。この川に架けられていたのが長さ９間（16.2m）の「板橋」で、これが地名の由来とされている。板橋は、1798（寛政10）年と天保年間（1830 ～ 43）に修復されたことが分かっているが、写真の橋は1920（大正９）年11月に架けられたもの。最後の木橋と言われている。

昭和初期の板橋
近代に入り、1920（大正９）年に新しい橋に架け替えられたが、自動車の普及に対応するため、1932（昭和７）年に早くもコンクリートの橋に架け替えられた。写真中央にもまさにこれから橋を渡ろうするバスが写っている。
現在の橋は、1972（昭和47）年に石神井川改修の際に新しく架け替えられたものである。橋の歴史は板橋区の歴史でもある。

川越街道と五本けやき

川越街道は、寛永年間（1624〜43年）に江戸と川越を結ぶ約44㎞の街道として整備された。平尾追分で中山道と分岐して川越方面へ向かう道で、現在の板橋区内域内には「上板橋宿」が置かれていた。昭和初期には交通量も増え、拡張やバイパスの設置が行われた。上板橋での拡張工事の際には、当時の上板橋村村長が屋敷林の一部（現・五本けやき）を残すことを条件に土地を提供したという。その後、枯れてしまった2本を植え替えたりしたが、今では川越街道上板橋付近のランドマークになっている。

川越街道の五本けやき
上板橋付近の川越街道。中央には地域のランドマーク・五本けやきが植えられている。これは昭和初期の拡幅工事の際、当時の上板橋村村長の屋敷林の一部が残されたもの。

川越街道工事前　1940（昭和15）年7月
中世からの古道「川越街道」。「川越街道」と呼ばれるようになったのは明治時代に入ってからのことだ。1941（昭和16）年に拡幅されたが、写真は工事前の川越街道。

志村一里塚

一里塚は、1604（慶長9）年に徳川家康が子の秀忠に命じて街道整備のために築かせたものだ。日本橋を起点として、全国の街道沿いの1里（約4㎞）ごとに設置された。旅人の行程の目印や休憩場所として利用されたという。板橋区域内においては、「日本橋」から2里目に「平尾一里塚」、3里目に「志村一里塚」が築かれた。平尾一里塚は現存していないが、志村一里塚は、2基一対で残っている全国的にも貴重な史跡だ。都内で当時の場所に残されているものは志村と北区西ヶ原の2箇所しかなく、国の史跡に指定されている。

志村一里塚
中山道の３番目の一里塚として築かれた「志村一里塚」。永年の風雨などによる劣化は否めないが、江戸時代に築造された位置のまま、両側の塚が現存している。

都電 志村一里塚前　1954（昭和29）年頃
一里塚は道の両側に高さ１丈（約1.7m）ほどの塚（土盛り）を築き、榎・欅などの木が植えられたものが多い。写真は1954（昭和29）年頃に撮影された「志村一里塚」とその前を走る都電。

賑わいと伝統　板橋

１９３２（昭和７）年に誕生した「板橋区」の魅力は多岐に及んでいる。区名の由来となる「板橋」は旧中山道の石神井川に架かる橋で、両岸には昭和９年以降、中板橋から加賀付近にかけて約１０００本の桜の木が植えられ、区内を代表する桜の名所。「板橋十景」にも選ばれている。また区内には１００もの商店街があり、それぞれ特色あるイベントが繰り広げられ、賑わいと活気にあふれている。近郊農村として発展してきた赤塚・徳丸地区には、農業の祭りや伝統行事が今に伝えられている。

板橋の賑わい

大山ハッピーロード
延長約560mを誇る都内有数の商店街。1978（昭和53）年に完成したアーケードが、街の魅力をいっそう高いものにした。いま、商店街の中央を横断する都市計画道路の整備が進みつつあり、街の姿も大きく変わろうとしている。

石神井川の桜

「板橋」付近の夜桜
石神井川は板橋区を代表する桜の名所。中板橋付近から加賀にかけて1000本近い桜の並木が続くが、その多くは昭和の時代に植えられたもの。旧中山道の「板橋」の上では、大勢の花見客が立ち止まり、思い思いに写真撮影をしていた。

板橋の華

板橋花火大会
度重なる洪水対策のため荒川を直線化したことで、流路の南側に残された埼玉県戸田町（当時）の飛地を板橋区に編入したことを記念して、1951（昭和26）年に板橋花火大会が始まった。戸田市側でも戸田橋花火大会が同時開催される。

田遊び

徳丸北野神社

赤塚諏訪神社

板橋区には、２件の国指定重要無形民俗文化財「田遊び」が伝わる。ひとつは２月11日に行われる徳丸北野神社の田遊び。もう一つは２月13日に行われる赤塚諏訪神社の田遊び。五穀豊穣や子孫繁栄を祈る予祝（よしゅく）神事だが、それぞれの所作には大きな違いがみられる。1975（昭和50）年の文化財保護法改正で重要無形民俗文化財指定制度が導入され、その第１回目に指定を受けている伝統行事である。

古民家

旧粕谷家（東の隠居）住宅
八代将軍徳川吉宗の治世のころ、徳丸脇村の名主粕谷浅右衛門が隠居した家と伝わる。解体復元工事の際、１本の柱の枘（ほぞ）に「享保八年　卯二月三日　…」（1723年）の年紀が発見され、築300年を経た古民家であることが判明した。

マコモ馬の七夕飾り（板橋区立郷土資料館）
昭和30年代位までの赤塚周辺は畑や田んぼが広がり、農家では季節ごとに素朴なまつりを年中行事としていた。七夕では、用水路などに自生していたマコモで雄雌の馬を編んで飾った。毎年、区立郷土資料館で再現されている。

「板橋」と光学産業①

板橋区の工業化は、１８７６（明治９）年に建設された板橋火薬製造所から始まっている。この製造所は、幕末期に大砲や火薬の製造を行っていた加賀藩前田家下屋敷跡に造られた。そして、現在の北区にかけての一帯は陸軍の軍事施設の集積地へと発展していく。

また、関東大震災復興の一環で甲種特別工業地区に指定された志村一帯も昭和初期から工場の進出が相次ぐ。当時の重要な軍需産業であった光学産業の工場も多く立地するようになった。

戦後、軍需工業から平和産業への転換が行われ、経験豊富な技術者たちが区内で数多くの工場を立ち上げた。特に光学機器の工場が多く、圧倒的な製造力・技術力で、１９６２（昭和37）年と１９６３（昭和38）年の日本の光学機器輸出額の70％を板橋で製造していた。

現在では、光学・精密機器産業と、高度経済成長期に伸びた印刷業が、板橋区の地場産業だ。国内はもちろん、海外シェアにおいても最先端の技術と品質を誇る、トップクラスの企業が集まっている。

坂下の工場地帯　1963（昭和38）年11月
板橋区の北部に位置する坂下地区は、1923（大正12）年の関東大震災後、化学・薬品系の工場が相次いで創設され、太平洋戦争中はほとんどが軍需工場となった。現在でも３丁目地域には化学系の企業や工場が多く立地している。

レンズの研磨（戦後）
板橋区の花形産業である光学機器は、戦前の軍需工場を基盤とし、徹底的に分業・専門化された中小工場によって製造された。写真はレンズの研磨作業風景。提供：板橋区公文書館

最新志村案内図 1931（昭和6）年

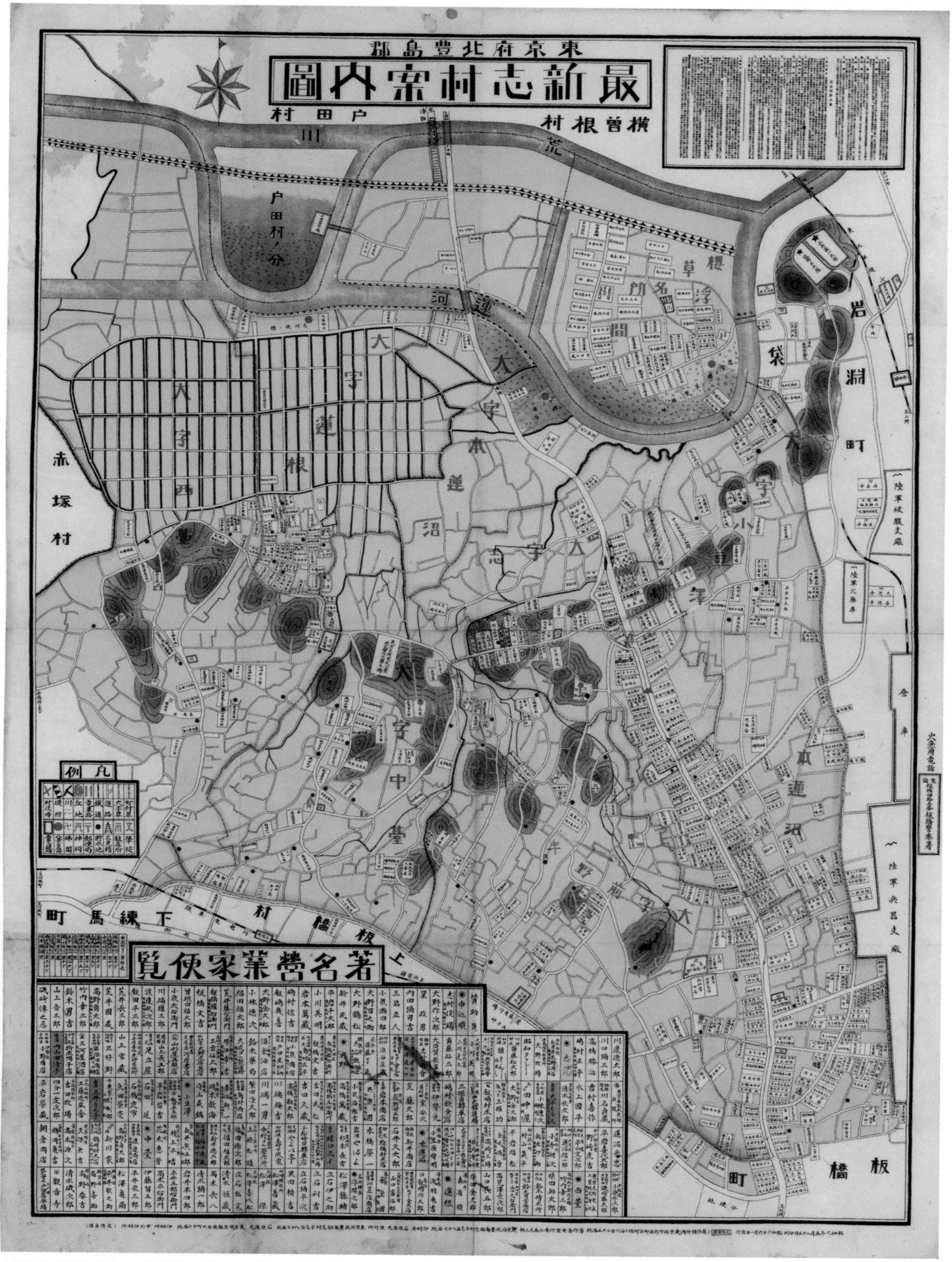

1932（昭和７）年10月１日に板橋区が成立する以前、北豊島郡志村の様子を描いた絵図。蓮根や西台に、耕地整理後の区画が確認できる。建物は川から一定の距離を置いた高台、とりわけ中山道沿いに集中しており、その中には大日本セルロイドやオリエンタル酵母工業などの工場も確認できる。
（板橋区立郷土資料館企画展「震災後100年・いたばしの現代化」図録より） 提供：板橋区郷土資料館

「板橋」と光学産業②

１９４５（昭和20）年8月の終戦で軍施設は解体され、施設で働いていた多くの技術者が職を失った。しかし、光学機器、精密機器、化学や薬品・火薬などの高度な技術を持つ専門家たちは板橋区や周辺で次々と会社を設立。板橋の光学産業は、「光学の板橋区」と呼ばれるほど地場産業として発展した。

その大きな理由は、光学機器の製造は分業体制が可能なので、板橋に多い町工場に向いていたからだ。研磨機が一台あればレンズがつくれ、双眼鏡も四畳半ほどの作業場で十分な光学機器は中小の工場向きで、経験さえあれば容易に製造出来た。

同様にカメラの生産も急速に発展する。最初はスプリングカメラ、続いて二眼レフの生産である。これらは構造が簡単で、部品製造の分業も双眼鏡と同様に可能だった。小さな部品を製作する会社を廻り、あとは自宅で組み立てる、いわゆる「四畳半メーカー」だ。大きな会社の下請けはもちろん、自社ブランドを持つことも夢ではなかった。

双眼鏡やカメラは、帰国するアメリカ兵に人気が高まり、中でも双眼鏡の海外での売れ行きはめざましく、１９６２（昭和37）〜１９６３年の日本の主要精密機器の出荷額の7割は板橋区で製造していたと言われている。このように「板橋区の光学産業」は、戦後日本の高度成長を支える原動力となった。

アサヒフレックスII
1954（昭和29）年発売
クイックリターンミラー機構を日本で最初に搭載した機種。それまでの一眼レフではシャッターを切った際に上昇した反射ミラーがすぐには復元せず、画面が暗いままのブラックアウトが最大の欠点だった。しかしこのカメラはブラックアウトが解消されている。これを機に日本の一眼レフの大発展が始まった。
レンズ：タクマ-50㎜F3.5、シャッター：フォーカルプレーンシャッター、B.1/25-1/500 、旭光学工業
板橋区立郷土資料館所蔵

ゼンザブロニカ ETR
1976（昭和51）年発売
レンズシャッター一眼レフ
６×4.5判でレンズ、バック、ファインダー、フォーカシングスクリーンを交換することができる。
レンズ：ゼンザノン-MC75mm f2.8
No.7712757
No.B5129268
ゼンザブロニカ
板橋区区立郷土資料館所蔵

2020（令和２）年度 特別展
板橋区立郷土資料館の企画展「板橋と光学vol.3 ～いたばし産のカメラたち～」のポスター

トプコンホースマン980
東京光学が製造し、駒村商会から販売された６×９判テクニカルカメラ
レンズ：トプコール90mm F 5.6、シャッター：セイコーシャＳＬＶ、
駒村商会　萩谷剛氏所蔵

COLUMN

和製カメラのメッカだった板橋

一つの時代が終わり、一つの時代が始まる瞬間がある。板橋区にカメラ工場ができ、やがて光学機器製造のメッカになるのは、そんな時だった。

カメラ工場の前身は軍需工場。板橋区には、小江戸（川越）と江戸（浅草花川戸）を結ぶ舟の行き交う河川があった。そして江戸時代に整備された五街道の一つ中山道が内陸を貫いていた。舟と車。二つの輸送路はモノづくりの要で、出来上がった製品を運ぶのに無くてはならない条件だった。板橋はそんな地の利に恵まれ、双眼鏡や機関銃につける照準器をつくる工場がいくつも作られていたのだった。

しかし、1945（昭和20）年の敗戦で困ったのは、工場で働いていた人たちである。自分たちのつくっていた兵器は、必要のないものになってしまったのだ。

「これからの時代をいかに生きるか」

見渡せば、どこを見ても、何もない焼け野原である。そんな時に誰かが言った。

「心配することはない。俺たちには工場がある。光学機器をつくるのに、優れた技術がある。写真機をつくろう…。世の中が平和になれば、写真機は、商材として素晴らしい。これからは、そんな時代になる」

これは筆者の推測だが、そんなムードが高まり、カメラ販売が解禁になってから、カメラ工場が沢山できたのである。

「アサヒペンタックス」（旭光学、現HOYA株式会社）「東京光学」（現・株式会社トプコン）「大和光学」（キャノン株式会社が吸収合併）は、後に日本を代表する光学機械メーカの母体となった。

忘れられないカメラがある。一つはスウェーデンの有名カメラ「ハッセルブラッド」をモデルにした（６㎝×６㎝のブローニーフィルムを使う）中判一眼レフカメラ「ゼンザブロニカ」。もう一つは西ドイツの有名カメラ「リンフォフテヒニカ」を思わす「トプコンホースマン960」だ。

プロの写真家になるため入学した写真専門学校の先生が、「ゼンザブロニカ」を見せながら、そのカメラの素晴らしさを語っていた。ゼンザブロニカというネーミングは、吉野善三郎さんがつくったブローニーフイルムを使うカメラということで、そのように名づけられたらしい。そしてこのカメラは板橋の工場で作られていた。

「トプコンフォースマン960」も人気だった。このカメラも板橋の工場でつくられていたのだ。いま見てもいいと思う。アオリ機能がついているから、高いビルを撮っても歪みが修正できる。建築写真を撮るときは、このカメラが重宝したのである。

これらのカメラは、写真機としての機能もさることながら、今でも持っておきたい、コレクションしておきたいカメラでもある。写真機に味があり、趣があり、夢がある。

デジタルカメラの出現によって、写真の世界も様変わりしてしまったが、フィルムカメラには、デジタルカメラにはない味と風格がある。そこにはつくった職人の魂が込められており、機械を通り越して美術品の風格さえある。

最近、若者たちの間で、フイルムカメラの人気が高まっているらしいが、フィルムカメラはやっぱりいい。そう言いながらも、つい便利なスマホで撮ってしまうのが日常であるが、しかし今改めて板橋産の懐かしいカメラたちの写真を見ると、感慨無量である。そして「板橋は和製カメラのメッカだった」という歴史に圧倒される。当時の職人のモノづくりに対する熱い思い、技術力のスゴさにも頭が下がる。

（公社）日本写真家協会会員 久保雅督

Column

関東大震災復興後の「板橋」

　1923（大正12）年9月に発生した関東大地震では、東京市と旧横浜市を中心に約190万人が被災し、死亡・行方不明者は約10万5千人、全・半潰や焼失した家屋は約37万2千棟と多大な被害を出した。これに対し板橋の被害は全・半潰や焼失した家屋が87棟で、重軽傷者3人であった。もちろん出典により被害の数値は異なっているが軽微なのは間違いない。板橋同様に北豊島郡や南足立、南葛飾などの周辺郡部の町村は震災後に大きく発展するが、震災による被害が軽微なのは同じであったのである。

　東京市の人口は震災前にすでに飽和状態に達していたが、震災を契機に周辺郡部へ一気に流出していった。郡部の人口が激増したことで、東京市は1932（昭和7）年10月に郡部を併合した。この時、現練馬区域を合わせた地域が板橋区として誕生したのである。

　1925（大正14）年、政府は帝都復興計画を策定したが、この時志村地域が工業地域内甲種特別地区に指定された。志村地域では工場誘致のために大規模な土地区画整理事業が行われ、その後危険物取扱工場や化学工場が次々と移転してきた。このような工場の移転は、さらなる人口の増加を加速させることとなった。1930（昭和5）年12月開業の下赤塚を皮切りに、1935（昭和10）年10月までに大山、金井窪（空襲で焼失・廃止）、東武練馬、中板橋、武蔵常盤（現ときわ台）と、東武東上線で6駅が開業するが、これは沿線での人口増加に対応するためであった。

　駅の開業に合わせ1936（昭和11）年に武蔵常盤駅の北口で常盤台住宅の分譲販売が始まった。区内では、旧加賀藩下屋敷跡の一部を開発し、上御代の台住宅として分譲販売が1939年（昭和14）年に始まるが、ともに上下水道完備、電気やガスの引き込みがあり、公園などを備えた文化住宅地であった。また、1933（昭和8）年頃には石神井川の改修工事と流域の基盤整備が行われて、流域の田圃が宅地となっている。基盤整備終了と同年に開業した中板橋駅の北口では、2年後の1935（昭和10）年に商店会が結成されるなど急速に街が形成された。この中板橋だけでなく東上線ではこのほかの駅でも駅前に商店と住宅からなる街が形成されていた。また、道路についても東京府による整備が行われていて、1927（昭和2）年に新中山道の工事が始まり、1933（昭和8）年からは新川越街道の工事が始まっていて、来るべき車社会を念頭においた

志村に建設されたメーター製造工場外観図（金門製作所）。◎昭和戦前

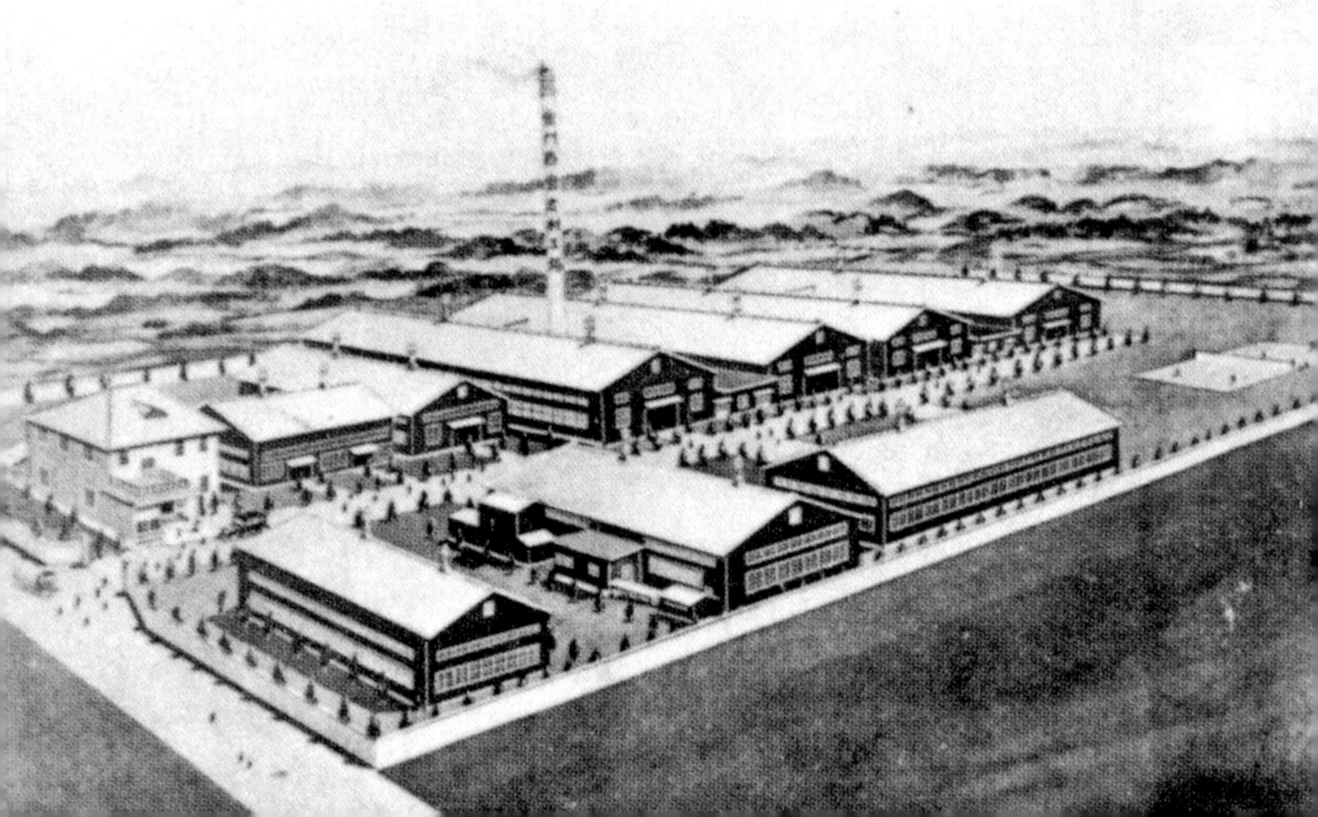

街づくりが行われたのである。
その後、戦争が始まると区内の工場は軍需工場として兵器製造にかかわったが、戦後兵器製造を通じて技術の練度を高めた化学や精密機械、光学機器などの技術者らは、志村周辺で独立して会社を起こしている。とりわけ1960年代の日本の総輸出量の70%を占めたカメラや双眼鏡などを製造する光学機器は区の花形産業になったのである。
その1960年代は集団就職が盛んとなった時期で、東京への人の流入が急増している。そのため東京では住宅不足が深刻な問題となった。1972（昭和47）年に入居が始まる高島平団地が建設されたのも住宅不足を解消するためであった。またこの時期、都内の道路では車による慢性的な渋滞が発生するようになった。そこで1963（昭和39）年東京オリンピックに合わせて環状7号や首都高などが開通するが、慢性的な渋滞を解消するには至っていない。そのため、国道17号線を走行していた都電は1966（昭和41）年に廃止され、代わって地下鉄都営三田線が1968（昭和43）年に巣鴨と志村間で開業したのである。
このように、板橋区は震災後に都市化を進めたことで、東京のベットタウンとして、あるいは工業地区として高度成長を支えてきた。しかし、それにともない工場や自動車が出す騒音や排気ガス、生活排水などによる環境汚染や、地下水の汲み上げによる地盤沈下などが環境問題として社会問題となった。それから半世紀、これらの問題は不十分ながら解消しつつあるが、それに対し工場移転による地域産業力の低下や少子高齢化による人口減少、人手不足など新たな問題が生じてきている。これらの問題を解決するためには、間違いなく関東大震災後に行われたような大改革が必要となってくるであろう。今後どのように変わっていくのか楽しみ半分、不安半分というところである。

板橋区公文書館専門員　畠山　聡

新板橋の架橋工事。1938（昭和13）年頃に新中山道が舗装されて新板橋が架けられた。

都電の板橋区役所前◎1965（昭和40）年9月20日

銃包製造所
北豊嶋
山手線
砲兵工科学校
北宿
原
稲荷社
大門
瀧野川
宿
谷津
石神井川
雷汞場
金剛寺
正受院
馬場
瀧野川
大原
小原
東三軒家
西三軒家
しばたい
向原
妙行寺
宗教大學
庚申塚
保養院
瀧野川學園
白泉寺
百軒長屋
三家
巣鴨村
新田堀
巣鴨四丁目
腦病院
本妙寺

大正5(1916)年当時の北豊島郡

帝国陸軍参謀本部陸地測量部「1/10000地形図」

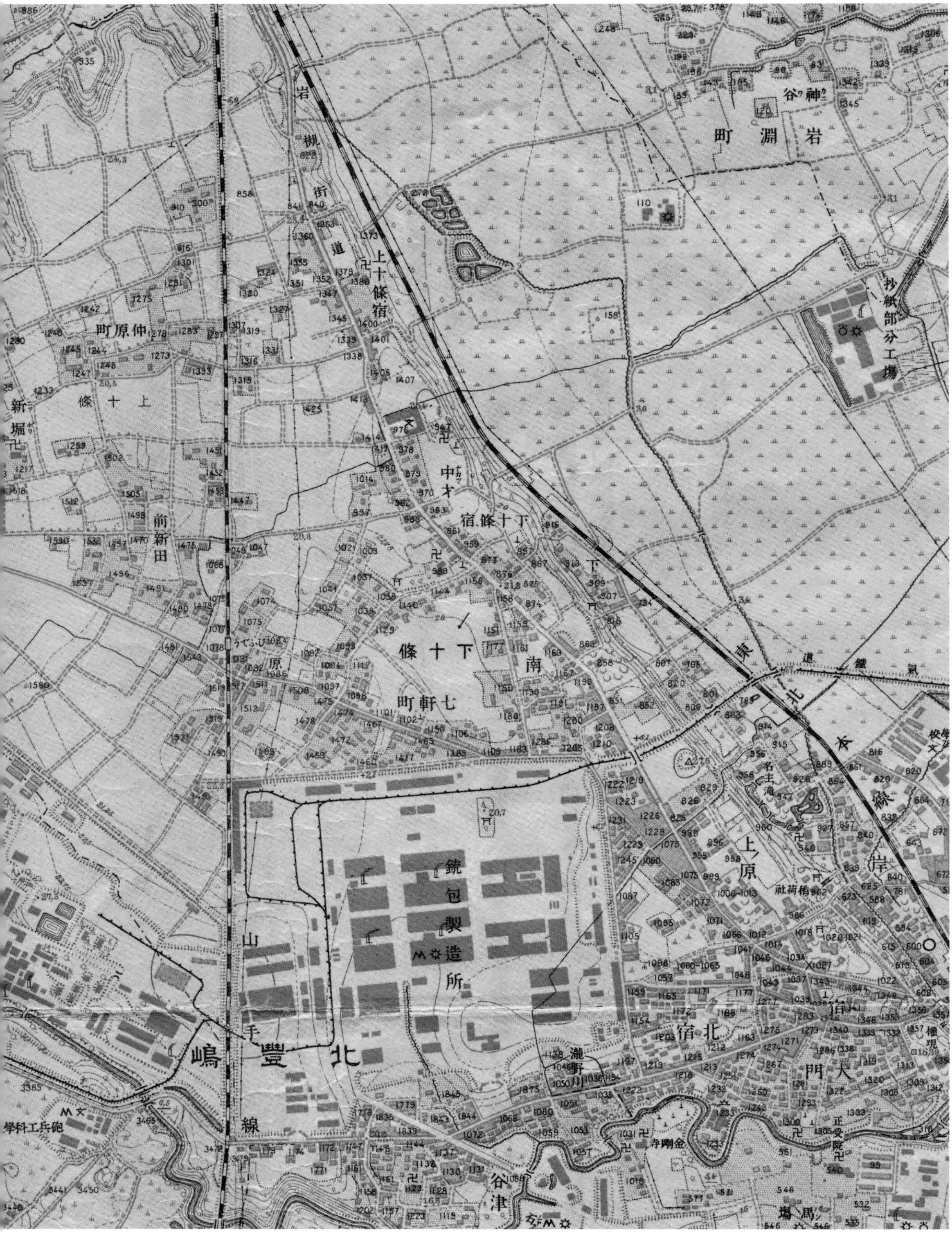
岩淵町
神谷
抄紙部分工場
岩槻街道
上十條宿
仲原町
上十條
新堀
前新田
中才
下十條宿
下十條
七軒町
南
原
下
東北本線
銃包製造所
山手線
北豊嶋
砲兵工科學校
上ノ原
名主滝
稲荷社
岸
北宿
大門宿
権現
滝野川
金剛寺
正受院
谷津
馬場

大正5(1916)年当時の北豊島郡

帝国陸軍参謀本部陸地測量部「1/10000地形図」

激動の昭和 板橋区5エリアの発展

(1)板橋エリア

古くから宿場町（板橋宿）として栄え、昭和になり中山道・川越街道沿いに市街化が進んだエリア。区役所や警察署なども集中し、行政面でも区の中心的な地域である。また板橋の活気をもたらす、大山・板橋・仲宿・中板橋などの商店街も発展した。

昭和の出来事

東上線・大山駅の開設

東上線と旧川越街道の交差するところに1931（昭和6）年に「大山駅」が出来たのは、東上線が1929（昭和４）年に電化され、関東大震災後の大山付近の人口増加に対応するためであった。 大山駅の開設により、商店街（現・ハッピーロード）は、1978（昭和53）年にアーケードを設置して劇的に発展し、区内一の規模となっていく。

そして大山駅の１か月後、川越街道の四又を通る高田道が東上線と交差する場所に金井窪駅が開設された。この辺りは戦前は子易神社の門前通りとして商店街があったが、空襲で金井窪駅が被災し、その後駅は再開されなかった。

養育院が健康長寿医療センターに

空襲でほとんどを失った養育院が敷地の半分近くを板橋区に譲渡し、同地に再建されたのは、この地域の大きな出来事だった。区民が大反対する中、ＧＨＱキャロー女史の記者会見により条件付きの解決を見た。

養育院の正面には、院長となった渋沢栄一の像が立つ。当時 85歳の渋沢栄一は除幕式に参列している。この像は空襲を経てその後何度か移転させられ、最後に現在の健康長寿医療センター内に設置されている。

令和になって始まった大山駅周辺の再開発で、大谷口の水道タンク付近から川越街道を通過し、健康長寿医療センター前から板橋区役所近くの山手通りに通ずる幹線道路がようやく開通する予定だ。新たなる激動である。

＜エリアスポット＞

ハッピーロード大山
「大山」は昔から物産を運ぶための重要な道筋で、終戦後はヤミ市でも賑わった。これらを原動力とする「ハッピーロード大山」と隣接する「遊座大山商店街」は、大山の２大商店街として知られている。

「板橋」（板橋十景）
旧中山道の仲宿付近で石神井川に架かる橋は、区の名前の由来になったとされる「板橋」。石神井川に架かった橋が丸木橋の多かった時代に“板の橋”であったことが珍しく、それが橋の名になったという説が有力だ。

胸突地蔵尊(子易神社)
四ツ又商店街の十字路から旧川越街道を少し外れた場所の子易神社境内にある身替わり地蔵尊。盗賊から旅人を守るために身替わりとなって刺されたという伝説を持つ。安産・子育ての神としても信仰を集めた。

東上鉄道記念碑
東武東上線の前身である東上鉄道は、1914（大正３）年５月に池袋ー田面沢(現・川越市)間が開通したが、これを記念して1919（大正８）年５月にこの記念碑が造られた。現在は下板橋駅構内に建てられている。

下頭橋と六蔵祠
橋名の由来は諸説あるが、地元では橋のたもとで旅人から喜捨を受けていた六蔵の金をもとに石橋が架け替えられたという説が語り継がれる。橋のそばにある六蔵祠はこの六蔵の遺徳を讃えて建てられた。

縁切榎
板橋区本町の坂町商店街の一角にある「縁切榎」。江戸時代の旗本の屋敷にあった榎が、後に「縁切り」に結びつき、災厄から縁を切るということで庶民信仰の礼拝対象となった。現在も参詣者が絶えない。

板橋エリアの風物詩 （写真と文：井上富夫）

熊野町熊野神社の鯉のぼり祭り

鯉のぼりは、昭和のころは当たり前に見られた端午の節句の風物詩だった。しかし近年は、庭先に鯉のぼりを飾る家庭が減っているようだ。その裏返しだろうか、社寺境内などに鯉のぼりをたくさん集めて飾っている光景がよく見られる。

なかいたへそ祭り

中板橋の地が板橋区のほぼ真ん中、おへその位置にあるからと始まった「なかいたへそ祭り」。中板橋商店街振興組合が商店街の目玉となるイベントとして企画したこの祭りは、「板橋の夏の三大祭り」のひとつにも数えられている。

昭和10年当時の志村付近

東京交通社「大日本職業別明細図　板橋区」

特集「養育院」
日本の老年医学の基礎を創る！

1872（明治5）年に開設した養育院は、2022（令和4）年で創立150年目を迎えた。本郷で創設された養育院はその後上野・神田・本所・小石川・大塚と転々とし、関東大震災が発生した1923（大正12）年に板橋に移ってきた。板橋にはすでに結核患者など長病不治の患者を収容する養育院板橋分院が建設されており、本院はこの分院近くに建てられた。

養育院の歴史は、2024（令和6）年に発行される新1万円札の肖像に選ばれた「渋沢栄一」を抜きには語れない。渋沢は1879（明治12）年に初代養育院長となり、その後亡くなるまでの半世紀にわたり養育院長として事業の発展に力を尽くした。現在、旧養育院跡に立つ渋沢栄一翁の銅像はその象徴でもある。

近年、養育院は高齢社会に対応した付属病院や関連施設も併せ、「東京都健康長寿医療センター」へと変わった。これは老人福祉施設のモデルケースと言われ、「老人福祉の板橋」の名を世界的に知らしめた。

医療センターの2階には「養育院・渋沢記念コーナー」が開設されており、養育院の歴史もわかりやすく展示紹介されている。

養育院全景 1932（昭和7）年
養育院の本院は、先にあった分院の近くに建てられた。
（養育院60年史アルバムより）
本院敷地面積 26,765坪（約88,000㎡）
分院6,915坪（約22,000㎡）

区民会館建設場に残る渋沢栄一のコンクリート製像
渋沢栄一翁の銅像は周辺施設の建設に伴い再三にわたって移転された。写真は当時の区民会館建設現場。この時の銅像は戦時中の金属供出の代用でつくられたコンクリート製像だった。

養育院老人ホームと入所者 昭和20年頃
老人ホームは４棟あり、別棟に食堂もあった。左上の写真はその老人ホームの一つ。
右上の写真は陽当たりのよい縁側に集まって和やかに過ごすお年よりたちの様子。

養育院外観＆本院事務所
養育院内には30棟ほどの建物が造られた。
右中の写真は事務所棟。この建物の中には養育院の資料室もあった。下の写真は養育院の庭。敷地にゆとりがあるため、建物はゆったりと配置されている。

養育院花祭り
1965（昭和40）年

写真は1965（昭和40）年に撮影された養育院の花祭り。老人ホームに入所しているお年寄りたちの親睦会を目的に開かれた。楽しそうにくつろぐ入所者たちの姿が印象的だ。（2枚とも）

養育院建設現場　1971（昭和46）年12月
写真は1971（昭和46）年12月に撮影された養育院建設現場。翌年の昭和47年、東京都養育院附属病院改築、東京都老人総合研究所（現・東京都健康長寿医療センター研究所）が建設・開所された。

渋沢栄一翁銅像＆桜　1987（昭和62）年
1987（昭和62）年、養育院附属病院改め、東京都老人医療センターに。その建物前に立つ養育院長渋沢栄一銅像。養育院＆板橋を見守り続けて１世紀の銅像を満開の桜が祝福しているようだ。

板橋区大山町の上空から、栄町にある東京都健康長寿医療センター（中央）周辺を空撮したもの。手前の左右に走る線路は東武東上線。この東武東上線の北側にほぼ直角に延びている広い道路は都道。現在、都道の延長工事が進行中で、ハッピーロード大山商店街付近も様変わりしている。写真の右上端は区立板橋第一中学校で、校庭と体育館が見える。中学校の後ろにある建物は産文ホール。当時はこの辺りに渋沢栄一の像が置かれていた。◎1972（昭和47）年12月14日 撮影：朝日新聞社

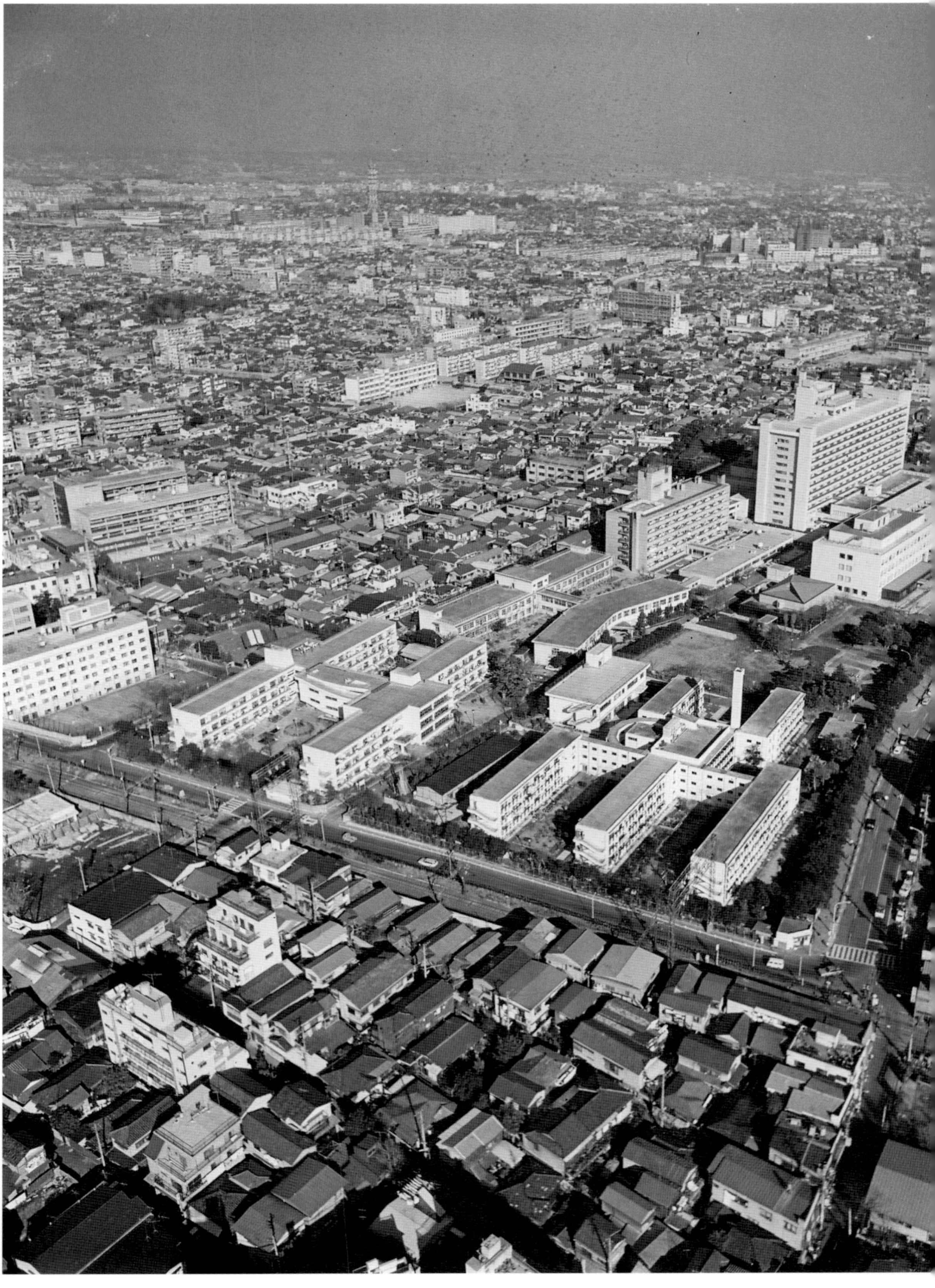

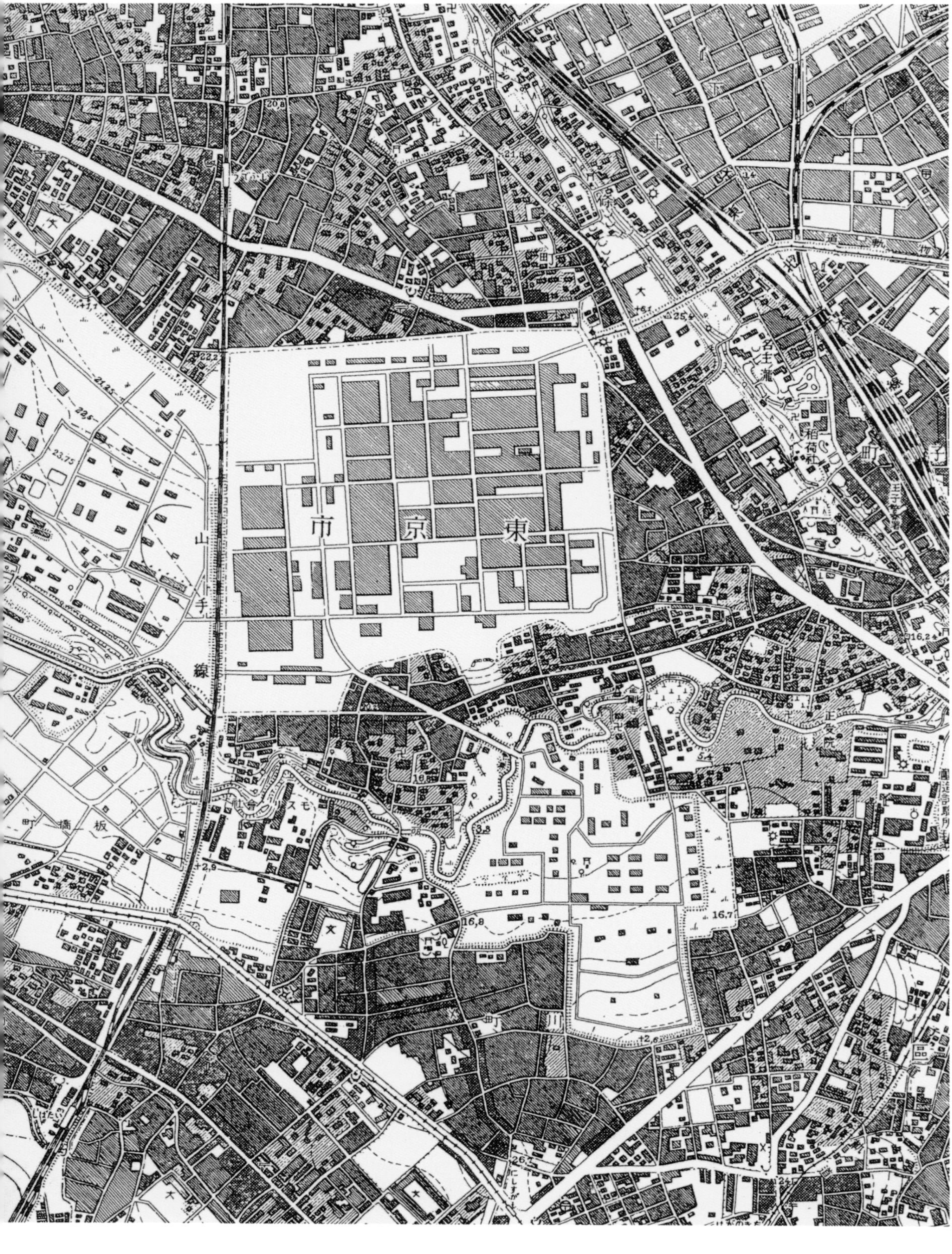
東京市
山手線
板橋町
名主滝
稲荷社

昭和12（1937）年当時の板橋区東部

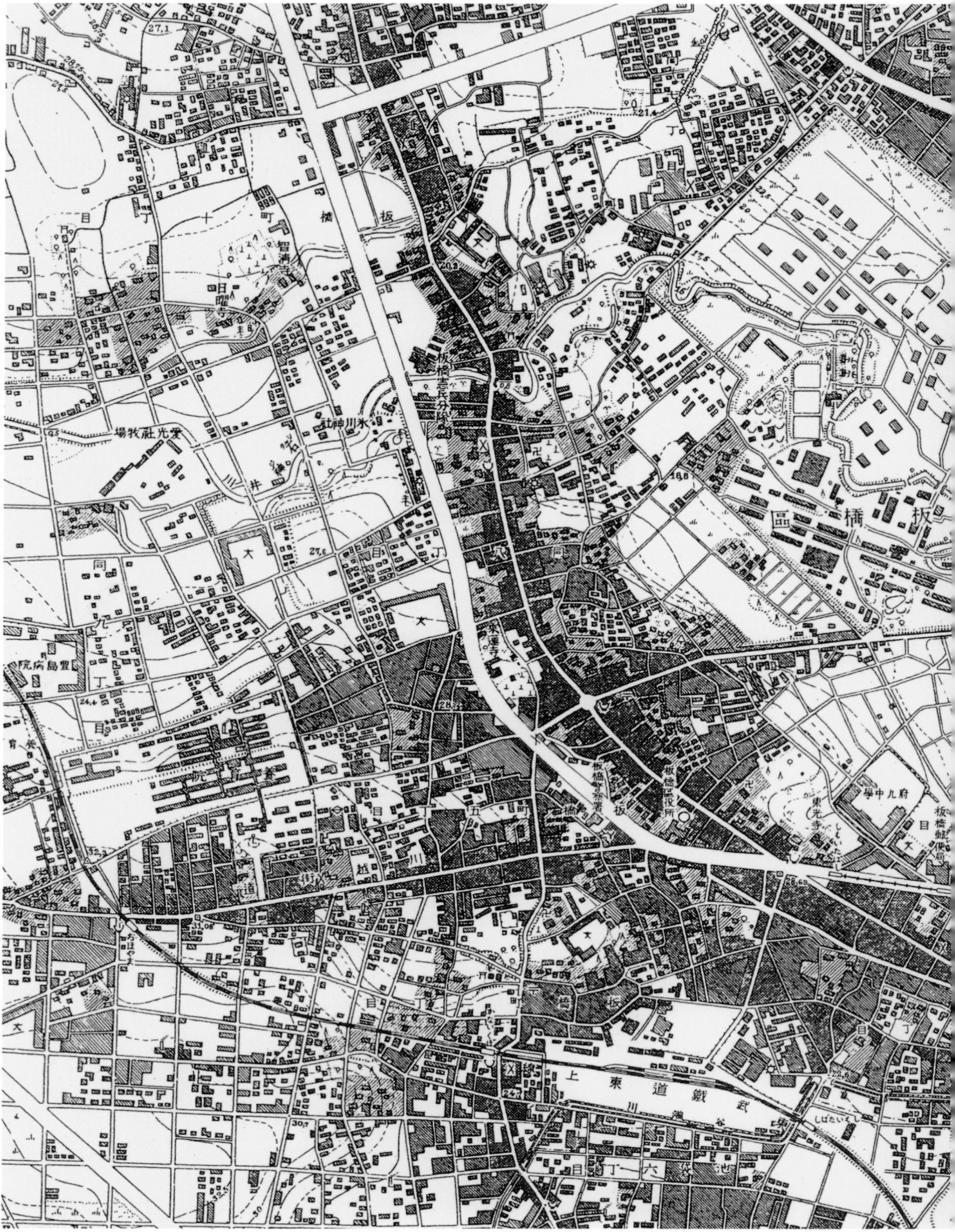

帝国陸軍参謀本部陸地測量部「1/10000地形図」

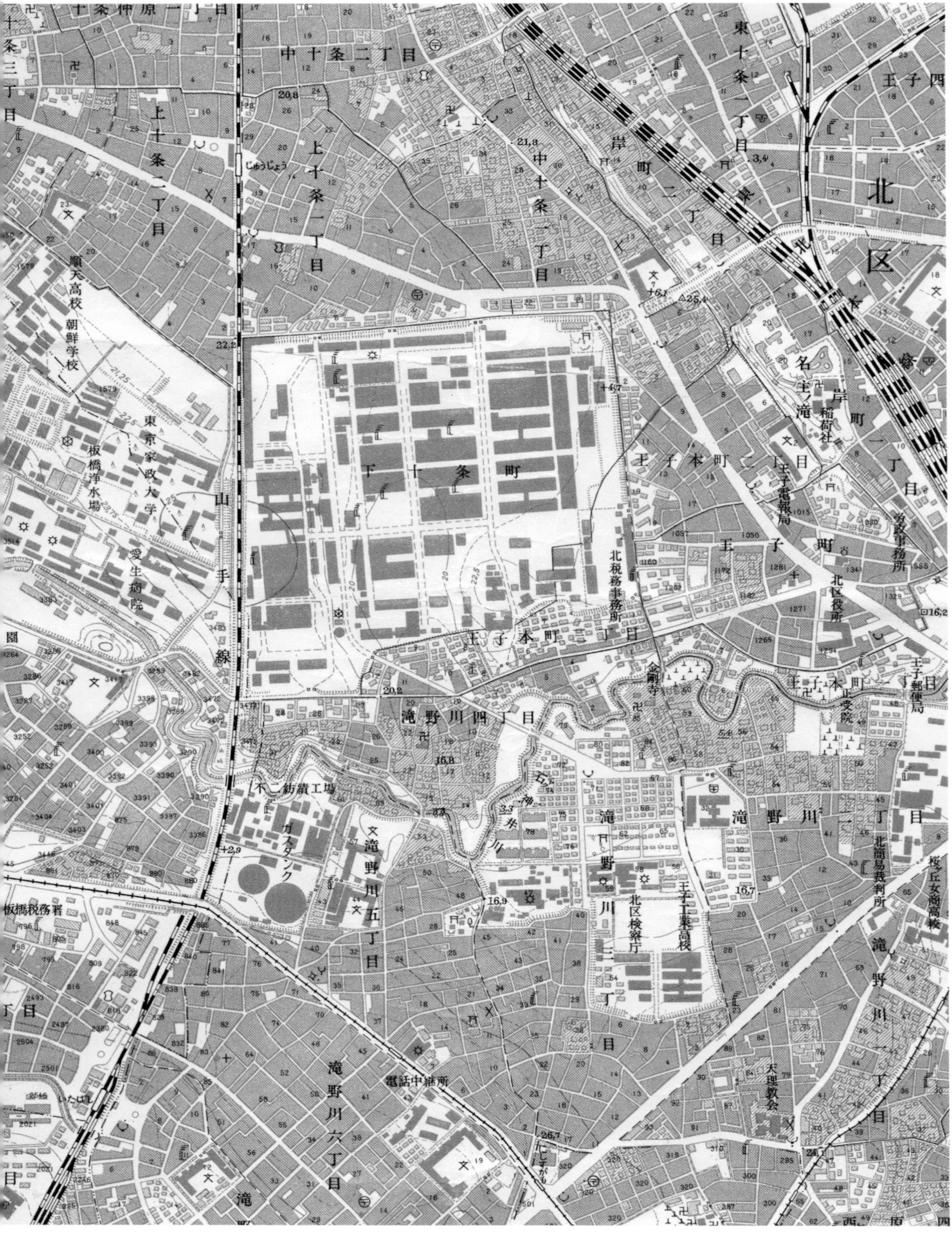
十条仲原二丁目
中十条二丁目
王子四
上十条二丁目
じゅうじょう
中十条一丁目
岸町二丁目
北区
順天高校
朝鮮学校
東京家政大学
板橋浄水場
愛生病院
山手線
下十条町
名主ノ滝
稲荷社
岸町一丁目
王子本町二丁目
王子電報局
王子町
労政事務所
北税務事務所
北区役所
王子本町三丁目
金剛寺
王子本町一丁目
正受院
王子郵便局
滝野川四丁目
不二紡績工場
ガスタンク
滝野川五丁目
石神井川
北区検察庁
王子工業高校
北簡易裁判所
桜丘女商高校
板橋税務署
電話中継所
滝野川六丁目
天理教会
いたばし

昭和30(1955)年当時の板橋区東部

建設省地理調査所「1/10000地形図」

昭和30(1955)年当時の小豆沢・志村周辺

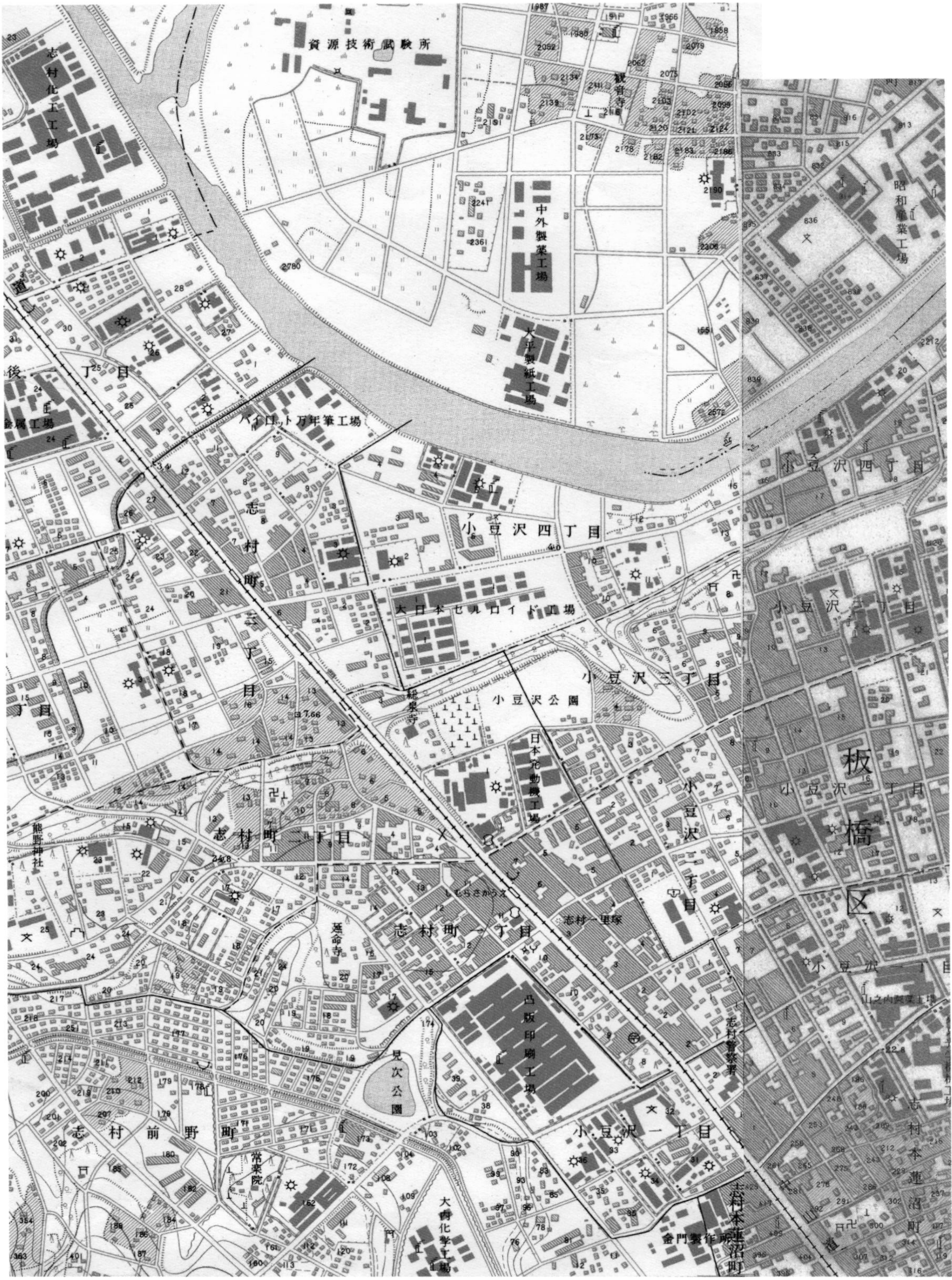

建設省地理調査所「1/10000地形図」

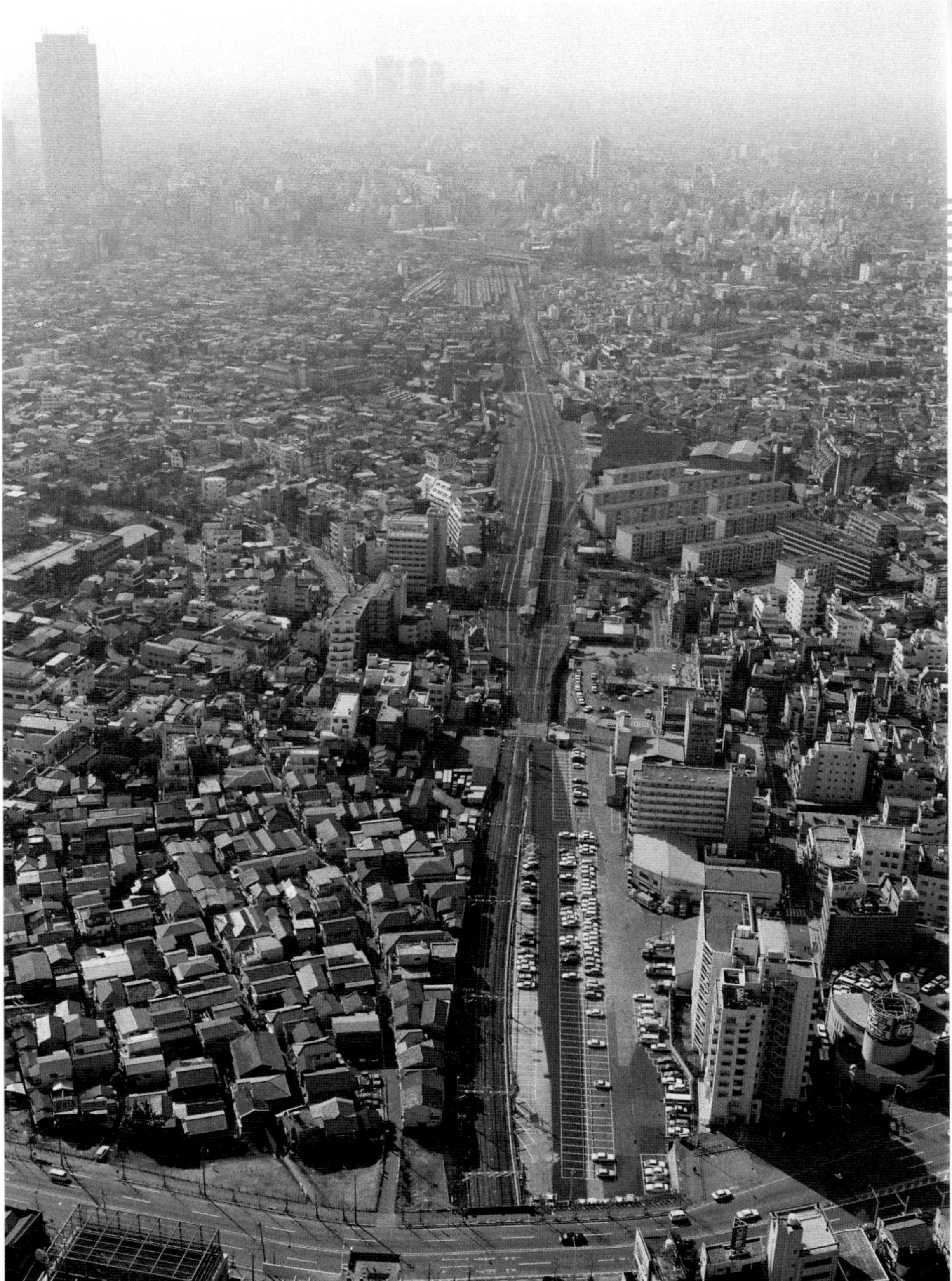

板橋区板橋４丁目近くの上空から、埼京線（上下）に沿って板橋１丁目（右側）、北区滝野川７丁目（左側）周辺を空撮したもの。中央部に国鉄（現・JR）板橋駅がある。上方は池袋方面で、霞んでしまっているが、左の高層ビルは池袋「サンシャイン６０」だ。下側の道路は中山道。◎1986（昭和61）年２月２日 撮影：朝日新聞社

(2)常盤台エリア

このエリアは川越街道や東武東上線の駅を中心に発展。近年は川越街道沿いを中心に集合住宅が多く建設されている。常盤台住宅地に代表されるように全体に潤いのある街だ。石神井川や都立城北中央公園、区立平和公園などが緑豊かな憩いの場が多い。

昭和の出来事

有楽町線・小竹向原駅が開設される

練馬区の小竹と板橋区の向原の中間に、１９８３（昭和58）年に開設された「小竹向原駅」は、このエリアを通る東京メトロ有楽町線の唯一の駅である。 この小竹向原駅の誕生で、長く陸の孤島状態だった向原地区は脚光を浴びた。開通当時には「23区の住みたい町」として選ば れている。のどかな農村地帯の駅なのに都心に近く、地主がオーナーのマンションは「ゆったりしている」と好評を得た。 駅周辺には商店が集まっており、今後の発展も期待できる。

建て替えが進む常盤台住宅地

ときわ台駅の北口側に広がる「常盤台住宅」は、東武鉄道が渋沢栄一開発の田園調布をモデルに造成した健康･文化的高級住宅地だ。１９３６(昭和 11)年に分譲を開始した。これまで板橋にはなかった閑静な 佇まいの街は人々の羨望を集め、皆「お屋敷町」と呼んだ。しかも 空襲も受けず、戦後も閑静な雰囲気を継承した。最近は区の推薦で景観重点地区に指定され、景観ガイドラインにより地域に合わせた現代化が進んでいる。

平和公園が誕生する

戦時中の高射砲陣地が、戦後に東京教育大学（現・筑波大学）の学生寮となった。そして大学の筑波移転に伴い、その跡地を板橋区が入手、自然の樹木が豊かな平和公園が誕生した。公園は地域のイベント会場として使われている。また、公園に隣接して中央図書館の移転が決定。２０２１（令和３）年にモダンな新図書館が出来た。1階にカフェが入り、2階にはテラス席もある。公園と自然につながるよう配慮されている。

＜エリアスポット＞

天祖神社
ときわ台駅南口そばに鎮座する。当初は「神明社」と称したが1873（明治６）年に「天祖神社」と改めた。当時から樹木が生い茂る清閑の地であった。境内の松は「常磐の松」と呼ばれ、開業時の駅名・武蔵常磐駅や東武鉄道が開発した分譲地にも付けられた。

板橋区立中央図書館
2021（令和３）年３月に開館した。板橋区立平和公園内に建設され、区内図書館で唯一のカフェを併設することで、公園利用者も気軽に立ち寄れる公園一体型の図書館。館内には世界100カ国、70言語の海外絵本を所蔵する「いたばしボローニャ絵本館」もある。

安養院
真言宗豊山派の寺院で、鎌倉中期の1257（正嘉元)年に北条時頼によって創建されたという寺伝が残っている。境内の鐘楼に掛かる銅鐘は、1943（昭和18）年に旧文部省より重要美術品の認定を受けたため、戦時中の供出を免れた。

平安地蔵(南常盤台)
1945（昭和20）年６月10日、南常盤台・東新町が空襲に遭い、死者270名以上、負傷者155名、2467名の罹災者が出た。この平安地蔵は、空襲犠牲者を供養する地蔵尊の一つで、1948（昭和23）年に地元の人々により建てられたもの。

大谷口給水塔
板橋区大谷口にある荒玉水道の大谷口給水場（現・大谷口給水所）にあった配水塔。高さ約33mの鉄筋コンクリート造の円筒の上に大小２つのドームが載っているのが特徴。1931（昭和６）年に完成し、配水塔としては1972（昭和47）年７月まで使用された。旧塔は撤去されたが、同様の塔が再建されている。

茂呂遺跡
城北中央公園から石神井川に架かる栗原橋を渡ると上り坂の丘陵となる。この丘陵は通称“オセド山”で、山全体が「茂呂遺跡」と呼ばれる古代遺跡だ。一帯は、1969（昭和44）年、都の考古史跡に指定されているが、現在、樹林保護のために立ち入りが制限され、年に１～２回見学会が行われる。

常盤台エリアの風物詩 （写真と文：井上富夫）

上板橋子育て地蔵の縁日

上板橋駅南口、旧川越街道沿いの小さなお堂には、江戸期造立の地蔵２体とともに、昭和初期造立の子育て地蔵１体が安置されている。「七の日」が縁日で、特に７月７日にはたくさんの露店が並び、歩くのもたいへんな賑わいとなる。

夏越の大祓（ときわ台天祖神社）

神社では６月末と12月末に、半年間の心身のケガレを清めるための大祓（おおはらい）が行われる。６月を夏越（なごし）の大祓と呼び、ときわ台駅近くの天祖神社でも、茅の輪（ちのわ）設けられて大勢の氏子たちが訪れる。

平和の灯（平和公園）

平和公園は、板橋区平和都市宣言に因んでできた公園。ここには、1945（昭和20）年の終戦まで陸軍高射砲陣地があった。被爆地の広島市と長崎市から灯火をもらい受け、1992（平成４）年に建てられた「平和の灯（ひ）」が、恒久平和を願って燃え続ける。

特集・常盤台住宅

田園都市構想に基づく理想の住宅地

「お屋敷町」と呼ばれた街

東武東上線ときわ台駅の北口を出ると、駅前に樹木がそびえる大きなロータリーがあるのが目につく。ここを起点に放射状に道路が北へ延び、少し先へ行くと緑に囲まれた家々の常盤台住宅がある。この住宅は、１９３６（昭和11）年に東武鉄道が手がけた分譲住宅で、近在の人が「お屋敷町」と呼ぶ、板橋きっての高級住宅地である。

駅前ロータリーから延びる3本の放射道路と中央を東西に横切る道路、住宅街をほぼ一周するプロムナードなどが計画され具現化されている。そして「クルドサック」と呼ぶ小さなロータリーや、道路に挟まれた「ロードベイ」、通りと通りの間を人が通れるだけの小路「フットパス」が設けられているもこの街の特徴になっている。

景観を守る会などが発足

常盤台住宅の歴史については、２０１７（平成29）年に北口駅舎がリニューアルされた時、駅に設けられたギャラリー「武蔵常盤小径」で詳しく紹介されている。

当初は「健康住宅」をキャッチフレーズに、上下水道が完備、30％の建ぺい率など厳しい建築制限で売り出された。それは田園都市構想に基づく理想の住宅地だった。

しかし、近年は建物の老朽化、生活様式の変化に伴う建て替えや相続による土地の細分化などで、建築当初の建物が少なくなってきた。これら常盤台住宅の将来を憂い、２００３（平成15）年には「常盤台の景観を守る会」が発足。5年後には「ときわ台しゃれ街協議会」も立ち上がり、いま新しい常盤台住宅のあり方が模索されている。

常盤台住宅売出広告・イメージイラスト

常盤台写真場
写真は、昭和初期に住宅地内に建てられた写真館「常盤台写真場」。その後「江戸東京たてもの園」に移築されている。

駅長さんの家
常盤台住宅が分譲されると同時に、当時の武蔵常盤駅（現・ときわ台駅）に勤める駅長の官舎も建てられた。

常盤台公園の運動会
昭和13年頃、常盤台１・２丁目の町が誕生した。写真は戦後まもない時期に行われた常盤台公園の運動会。

常盤台駅前商店街
常盤台住宅の街並みが落ち着く昭和30年代頃。電気店、不動産屋、美容室屋など、駅前商店街も充実して来た。

常盤台建売住宅
分譲当時、各建築会社は競ってモデルハウスを建てたという。写真のしゃれた外観の洋風住宅もその一つ。

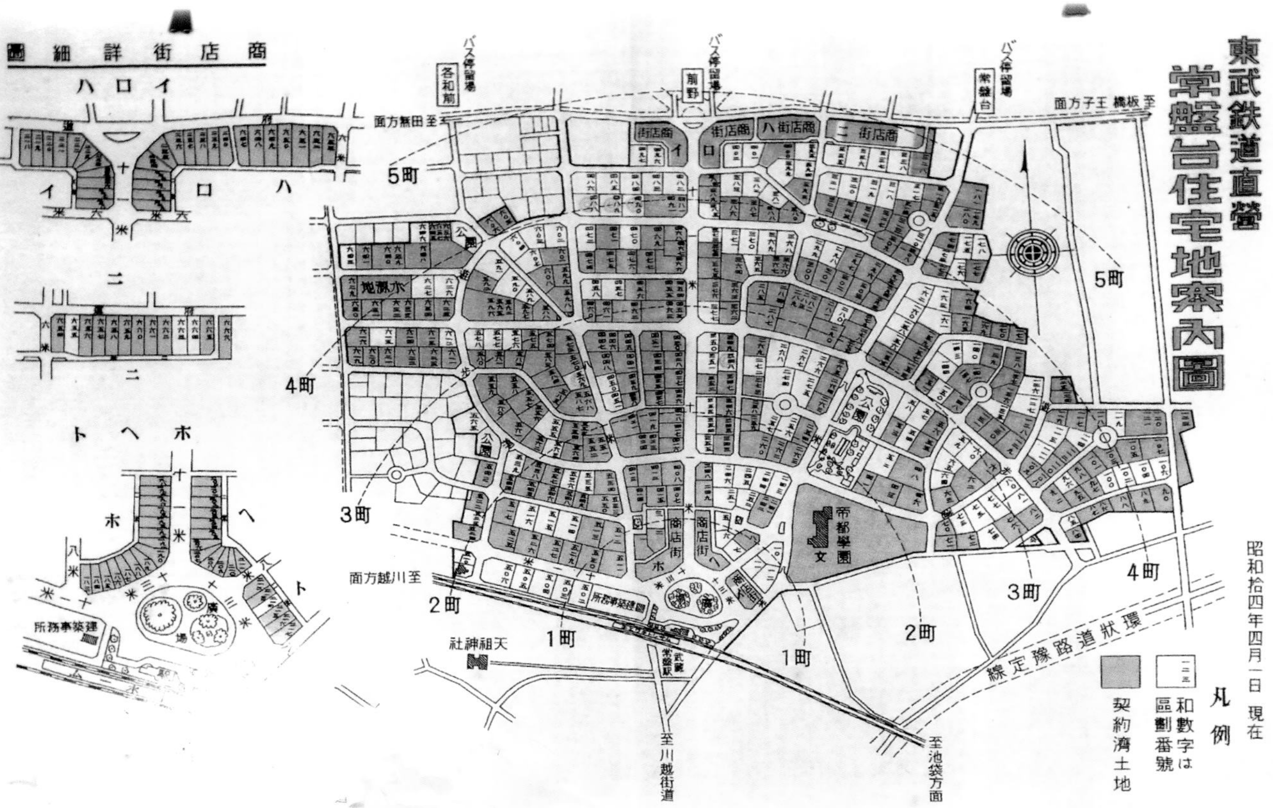

常盤台住宅案内図　1939（昭和14）年4月1日 現在

ときわ台駅 ギャラリー「武蔵常盤小径」

ギャラリーで紹介されている常盤台住宅街並みの特徴

プロムナード、フットパス
プロムナードは、街中にある環状の遊歩道で車も通行可。
フットバスは、まるで抜け道のような歩行者専用道路。

クルドサック
クルドサックは、街に５箇所ある小さなロータリーを末端とした袋小路。住民以外の車は通行しないので安心。

ロードベイ
「道路沿いの修景緑地」と言われるオープンスペースの緑地帯。現在は「常盤台一丁目児童遊園」として利用。

板橋区南常盤台２丁目近くの上空から、工事中の環状七号線（写真中央の縦方向）周辺を空撮したもの。左側を流れているのは石神井川。左下に校庭が見えるのは上板橋第一中学校。その少し上の橋は、旧川越街道に架かる下頭橋だ。中央を左右に横切る道路は新川越街道。また、真ん中に上板橋小学校が見える。◎1961（昭和36）年２月18日 撮影：朝日新聞社

(3)志村エリア

関東大震災後に工業中心に発展したが、戦後は大・中の工場の郊外移転が進む。跡地は高層集合住宅や商店、事務所などが混在。印刷や機械工業などの中小工場が多く、区内産業の拠点になっている。北部は武蔵野台地と荒川低地を分ける崖線で緑が多い。

昭和の出来事

都電の延長と廃止、都営三田線新設

1929（昭和４）年に市電（後の都電）は下板橋まで延長、板橋はさらに都心に近くなった。戦時中は志村方面の軍需工場への足として志村坂上まで延長、1955（昭和30）年に志村橋まで延びた。しかしモータリゼーションの波で1966（昭和41）年に都電は巣鴨から北の全線が廃止された。代わって1968（昭和43）年、巣鴨・志村（現・高島平）間に都営地下鉄６号線（現・三田線）が開通。これは高島平団地への交通手段であり、1982（昭和57）年に西高島平まで延長された。志村地区では、三田線に本蓮沼駅・志村坂上駅・志村三丁目駅が開設された。

中台サンシティ高層住宅の開発

中台三丁目の旭化成研究所跡地に1978（昭和 53）年建設されたサンシティは、計画段階で大きな話題を集めた。それは、当初「40階建」が発表されたが、地元の反対で「24階」と階数を下げて工事に着手したからだ。この高層マンションは、地震時を考慮して当時では珍しいオール電化で評判になった。また、自然の樹木、地形を活かした設計も評判がよく、入居者募集の有利な条件となった。

小豆沢公園の変遷

1936（昭和11）年、志村第一土地区画整理組合は、規定により１万坪の小豆沢公園を造成した。ところが開園直前の1939（昭和14）年５月に、近くの大日本セルロイド東京工場で大爆発事故が発生。公園に隣接する火薬工場も誘爆する被害を受けた。その後公園は東京市の防空公園となり、終戦を迎える。

戦後は公園の整備工事が進み、1967（昭和42）年に小豆沢体育館が完成。屋外プールも建設されている。そして半世紀を過ぎた今、体育館の大改修、プールの屋内化工事が行われ、新たな小豆沢体育館に生まれ変わった。

大型体育館のある小豆沢公園は、小豆沢舟着場のある小豆沢河岸広場まで含め、２万坪の区内最大の区立公園となっている。

出井の泉公園
板橋区泉町の「出井の泉」は、現在は暗渠化されている出井川最大の水源だった。一帯は崖から清水が湧き出た地域で、薬師・出井・見次を合わせて「志村三泉」と呼ばれた。公園の斜面に約600本の紫陽花が植えられており、区内有数の紫陽花スポットになっている。

＜エリアスポット＞

常楽院(土器寺)
真言宗豊山派の寺院。創建は室町時代末期と推定されている。戦前より戦後にかけて、前野町一帯より発掘された弥生後期の「前野町式土器」が多数保存されているため、別名「土器寺」と呼ばれている。

見次公園
「見次」の名前は、隣接する志村延命寺の由緒に関連している。公園の半分ほどを占める池はなんと自然の湧き水だ。台地の縁から湧き出る水をためたもので、水に恵まれたこの周辺には原始・古代の遺跡も多く分布している。池ではボート遊びや釣りなどを楽しむことができる。

円福寺
太田道灌が1470（文明11）年に川越で開創し、1608（慶長13）年に板橋の地へ移転された。1649（慶安2）年には寺領20石の御朱印状を拝領した。かつては「西台の大寺」として知られ、参道だけでも600mはあったという。1845（弘化2）年の火災で北側の通用門を残して全焼、その後再建された。

延命寺
真言宗寺院。志村城をめぐる戦いで自分の子どもが討ち死にするのを目にした見次権兵衛が、世の無常を悟り、自らの屋敷を寺としたと伝わる。境内には区内最古といわれる1252（建長4）年の板碑や、いぼ取りの通称「蛸薬師」として信仰を集めた珍しい薬師の庚申塔がある。

小豆沢神社
康平年間（1058 ～ 1065年）に創建されたと言われる。社殿は志村古墳群を構成する「観音塚古墳」の上に建つ。昭和期の改築前はもっと古墳の原型を保っていた。鳥居脇の御神木「スダジイ」は、区の登録記念物となっている。

志村エリアの風物詩 （写真と文：井上富夫）

南蔵院のしだれ桜

南蔵院は、桜を愛したことでも知られる八代将軍徳川吉宗が、鷹狩りの御膳所にしていた寺院である。境内にはしだれ桜のほか、吉野桜、山桜、桃などの美しい花が植えられ、開花の季節には多くの人たちが鑑賞に訪れる。

新河岸大橋と小豆沢河岸広場

昭和期の終盤は、いわゆるバブル経済で潤っていた時代だった。新河岸大橋と小豆沢河岸広場は、バブル崩壊直前の1989（平成元）年10月に相次いで完成した。広場には水上バスの発着場も設けられ、区民の憩いの場にもなっている。

明治44（1911）年当時の板橋町

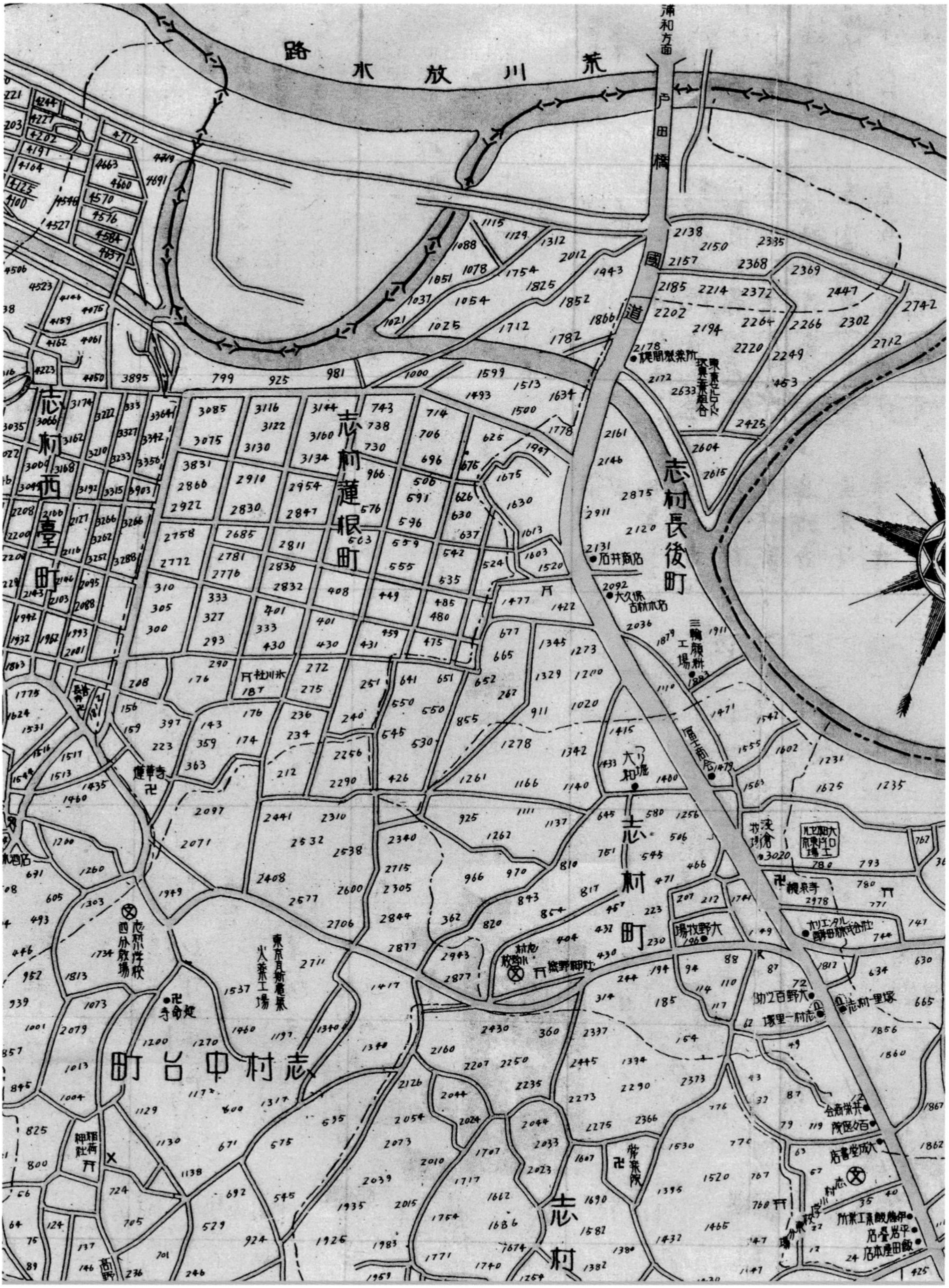

富山房「東京府北豊島郡板橋町」

前野町に温泉が湧いた日…

そこは終生、物づくりに情熱をかけた、事業家の住まいと庭だった。

いま板橋で知る人ぞ知る人気スポットになっているのが日帰りの前野原温泉「さやの湯処」だ。「さや」は日本の古語で「清」、清らかなさま、鮮やかなさまを表わすという。

この由来を記した店の前の看板にはさらに「昔、この辺りは志村城の前野原と呼ばれ、清らかな泉の湧く緑豊かな武蔵野でした。昭和に入ってからは、優れた技術を持つ多くの工場が集まり、日本の産業を支えました。この場所は、物づくりに情熱を傾けた一人の実業家の住まいでした」とある。

実業家というのは、生涯をかけて圧延機の設計と磨特殊鋼帯、磨帯鋼の製造に情熱を注いだ谷口周氏のことだ。周氏は１９４０（昭和15）年5月、この地に特殊金属圧延工業所（現・株式会社トッキンHD）を設立、板橋の工業発展に貢献した。なお、２０２４（令和6）年に創業84年を迎えるトッキンHDは、工場を埼玉に移設後、跡地の活用で本業以外にイズミヤ（現・イオン）への不動産賃貸事業や「さやの湯処」の温浴事業に進出している。

谷口周氏

周氏の孫で、「さやの湯処」の責任者でもある谷口慈雨子さんが語る。

「戦後まもなくの１９４６（昭和21）年、谷口周が47歳の時に、現在の食事処・柿天舎の場所に居宅が造られ、翌年には全国から銘石を集め配した庭園を完成させました。以来、周が亡くなるまで24年間を過ごした建物と庭を再生したい！というのが『さやの湯処』誕生の原点です。柿天舎というのは俳句をたしなんだ周の雅号なのです」

「地域への恩返し」という発想で、日帰り温泉「さやの湯処」を計画する

谷口周氏は福井市新保村のはずれの貧しい農家の長男として１８９９（明治32）年8月25日に生まれた。もともと逆境に負けない根性の持ち主で、中学への進学も叶わなかったが、弟や妹の面倒をみながら懸命に働いていた。

しかし15歳の時に一念発起し、コツコツと貯めていたお金を握りしめ、家出同然で東京へと向かった。彼の全財産では子ども運賃の切符しか買えなかったが、車中で車掌が見逃してくれ、終点の新橋駅では同郷の駅員の世話で幸先の良い人生のスタートを切ることになる。

「新橋駅には朝の10時頃に着き、無一文なので水だけ飲んで東京の街を一日中ただ歩き回ったそうです。そして夜は新橋駅に戻り、構内のベンチで寝て、やがて駅員に見つかりますが、幸いにも駅員は福井出身の人で、ベンチで寝ることを許してくれ、しかも翌朝には握り飯まで持って来てくれました。そしてこの駅員に紹介され、芝御成門近くのカーボン電球をつくる小さな町工場に奉公することが出来たそうです」（慈雨子さん）

駅員たちの温かい親切心は、やがて銅から鉄へと躍進し、その後板橋における工業発展の一翼を担った、特殊金属加工の優秀な技術者を生み出すことにつながった。そして地域への貢献という意思は子から孫へと受け継がれ、さらに「地域への恩返し」という発想で、日帰り温泉「さやの湯処」の計画が生まれた。

しかし隣接の埼玉には安価なスーパー銭湯が多い。それに比べ都内の敷地で、しかも温泉の汲み上げ規制もある不利な条件で日帰り温泉を創るのは容易ではなかった。

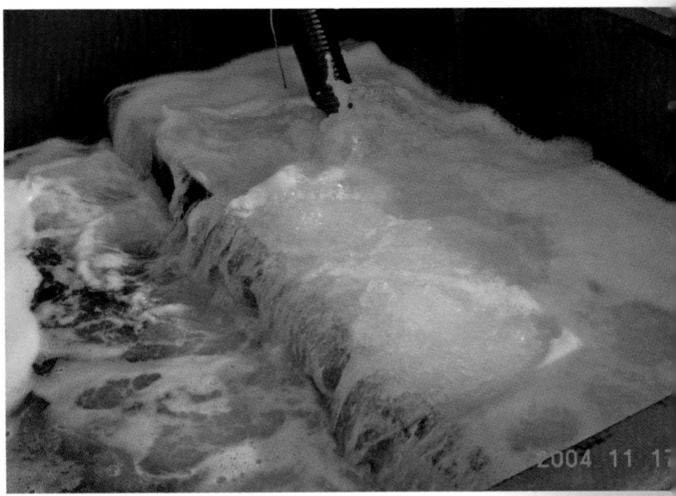

2004（平成16）年、掘削成功！湧き出る温泉

1948（昭和23）年の屋敷と庭

温泉掘削など夢物語と思ったが、地下1500mから自然の贈り物が…

建物の設計に当たっては、古民家再生の第一人者、降幡廣信氏に出会えたことが最大の幸運だった。さらに降幡氏は、いまの時代では手に入らない良い庭石に驚き、作庭家の小口基實氏に庭の再生を頼んでくれた。

建築に先立ち、温泉掘削についての調査も行われた。その結果、東京は大昔海だったので古東京湾の海水が地中深く眠っており、1500mくらい掘れば必ず温泉が出ることが分かった。

慈雨子さんたちは、初めは「東京で温泉掘削など夢物語かな」と思っていたが、何社か掘削業者の説明を聞くうちに、これは現実化出来そうだ！と確信、掘削の準備を始める。

そして2004（平成16）年11月16日、待望の温泉が湧き出す。泡を含み、滔々と吹き上がる41度のナトリウム塩化物強塩温泉は、まさに地下1500mからの自然の贈り物だった。

「掘削を始めて5か月目のことでした。温泉が出ることは確信していたものの、それを目の当たりにすると、もううれしくて、飛び跳ねて回りたい気持ちでした」（慈雨子さん）

湧き出した時には無色透明であった温泉を掛け流し浴槽に注ぐと、水面下10㎝にある手も見えないような濃いうぐいす色のにごり湯になった。これもうれしい驚きだった。

温浴棟は新築だが、再生する飲食棟は柱だけ残して、屋根と壁を解体して補強をし直し、また組み立てるので長い工事日程を要した。

念願の「さやの湯処」は、2005（平成17）年12月20日に開店することが出来た。

1948（昭和23）年の庭園

写真提供：前野原温泉「さやの湯処」

枯山水庭園

中庭から渡り廊下を見る

レトロな食事処廊下

昭和の面影を残す食事処

撮影：久保雅督

さやの湯処正面玄関の唐破風屋根

日常を忘れて過ごせる場所…

館内に一歩足を踏み入れると、
目の前に広がるのはどこか懐かしい佇まい…
ここは物づくりに情熱を傾けた、
一人の事業家の住まいだった。
年月を重ねてきた重みが息づいている。
右に行くと枯山水の苔庭と食事処・柿天舎。左は都会のオアシス、木立の中の温浴棟。
室内・露天風呂に源泉風呂や壺湯、高温サウナ、
薬草の香り豊富な薬草塩蒸し風呂も。
離れには貸切温泉も1室ある。
日常を忘れてゆったり過ごせる場所だ。

女性源泉風呂と露天風呂

女性内風呂

女性露天風呂

男性サウナ

男性源泉風呂

 写真提供：前野原温泉「さやの湯処」

向臺
大日堂
西前野
前野
中前野
志村
清水
原
上根
天祖神社
向屋敷
臺宿
長命寺
氷川神社
下頭橋
中山
上板橋
板橋町
田柄川
上板

大正5(1916)年当時の東上鉄道周辺

帝国陸軍参謀本部陸地測量部「1/10000地形図」

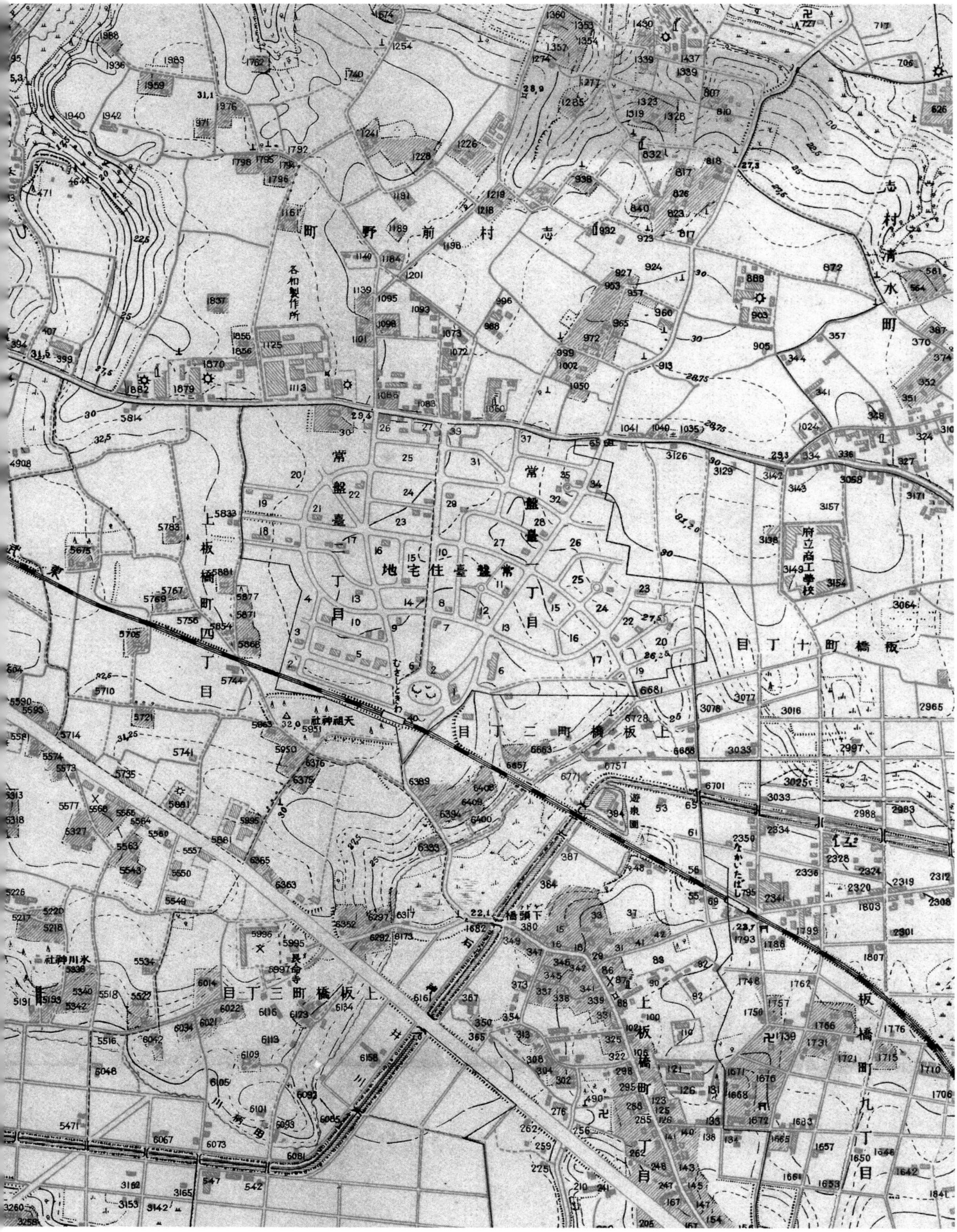
前野町
志村
各和製作所
志村清水町
常盤臺住宅地
常盤臺一丁目
常盤臺二丁目
上板橋町四丁目
板橋町十丁目
府立商工学校
東武
むさしときわ
天祖神社
上板橋町二丁目
遊園
なかいたばし
下頭橋
長命寺
氷川神社
上板橋町三丁目
田柄川
上板橋町一丁目
板橋町九丁目

昭和12(1937)年当時の東武鉄道東上線周辺

帝国陸軍参謀本部陸地測量部「1/10000地形図」

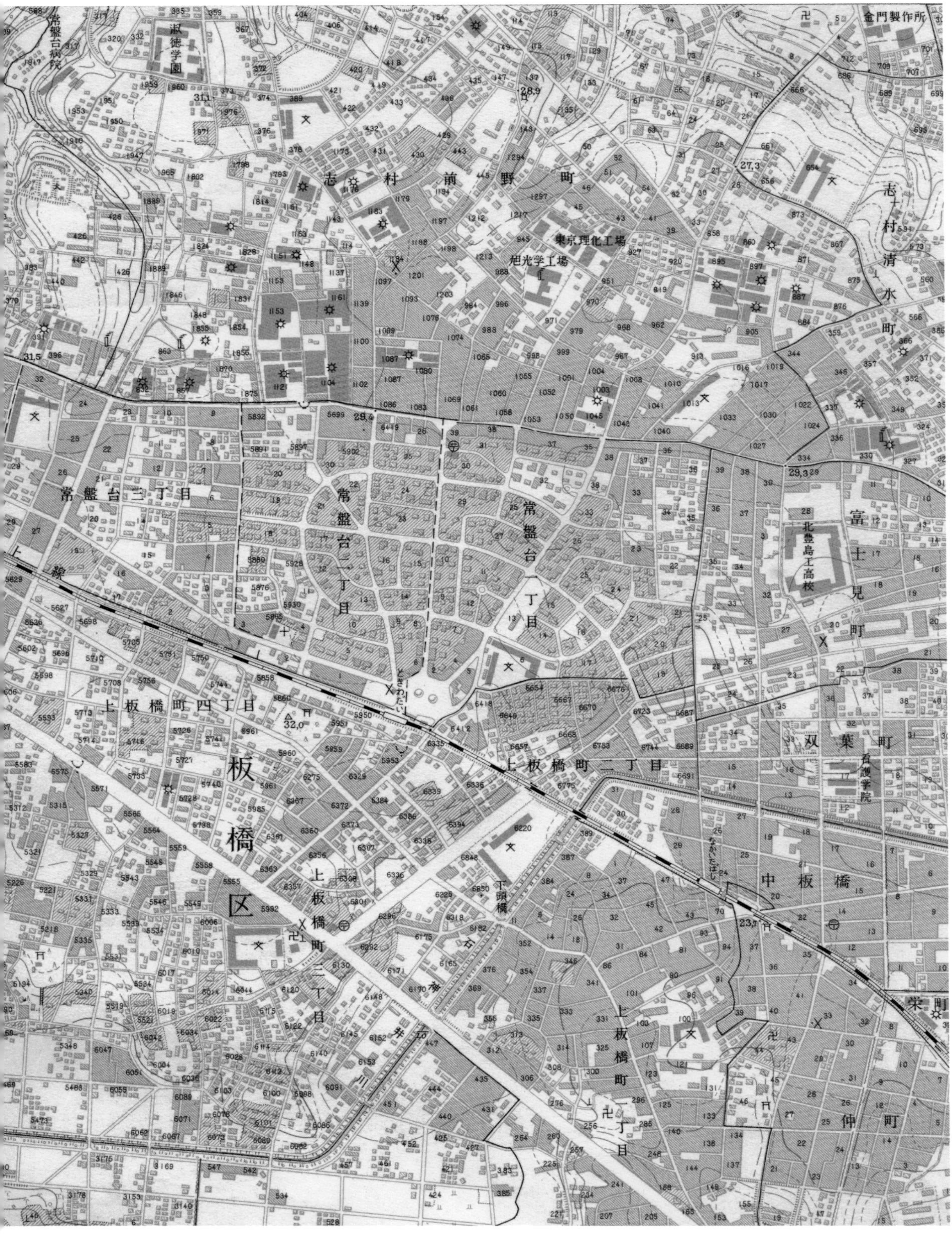
常盤台病院
淑徳学園
志村前野町
東京理化工場
旭光学工場
金門製作所
志村清水町
常盤台三丁目
常盤台二丁目
常盤台一丁目
ときわだい
北豊島工高校
富士見町
上板橋町四丁目
上板橋町二丁目
双葉町
看護学院
板橋区
上板橋町三丁目
下頭橋
石神井川
なかいたばし
中板橋
栄町
上板橋町一丁目
仲町

昭和30(1955)年当時の東武鉄道東上線周辺

建設省地理調査所「1/10000地形図」

(4) 赤塚エリア

武蔵野台地の赤塚地域は、戦前から農業が営まれ、自然林も多い緑豊かな環境だ。賑やかなのは成増駅周辺で板橋区西部の中心地になっている。地域の特徴は、赤塚城址とそれを取り巻く多くの寺院や郷土資料館・美術館などの文化施設が多いことだ。

昭和の出来事

東武東上線・成増駅周辺の再開発

1988（昭和63）年に成増駅北口の 再開発が始まり、駅前に2つの再開発ビルが竣工。駅前広場も整備された。10年後の1997（平成9）年には、隣接して再開発ビル「アリエス」が完成。 図書館やアートギャラリー、郵便局などが整備された。南口は1965（昭和40）年にロータリーが完成、延長された北口のペデストリアンとつながった。1983（昭和58）年には川越街道に営団地下鉄（現・東京メトロ）有楽町線が開業。その後、副都心線も乗り入れて成増は交通の要所となる。

移転して来た「乗蓮寺と東京大仏」

中山道上に首都高速道路5号を建設するために中山道の拡幅工事が進み、その過程で仲宿にあった御朱印寺の名刹・乗蓮寺は1977（昭和52）年に赤塚城二の丸跡（赤塚5丁目）に移転した。4年後、千葉氏一族や戦没者供養のための露座の大仏（総丈13メートル）が建立され、赤塚地区のランドマークとなった。

四葉の大区画整理

1985（昭和60）年、21万平方メートルという広大な土地区画整理が東京都により始まり、12年の歳月を要して1997（平成9）年に完成した。市街化から取り残されていた四葉地区は現代的な街に変貌を遂げ、新しい街が誕生した。新設されたメイン街路沿いに大型店舗が次々と開店。おしゃれで暮らしやすい街に生まれ変わった。

＜エリアスポット＞

松月院
徳川家康40石の朱印地を寄進された由緒ある寺院で、1841（天保12）年に幕府の命を受けた長崎出身の高島秋帆が、徳丸ヶ原で洋式の砲術訓練を行った際の本陣となったところ。境内には砲身と砲弾を模した高島秋帆顕彰碑がある。隣接する墓所には、赤塚城主であった千葉自胤の墓もある。

乗蓮寺
徳川家康から十石の朱印状を受けた名刹。この地に移転した折り、鉄筋コンクリート造りで新築され、往時の由緒深い趣は失われてしまったが、像高8mの東京大仏（阿弥陀如来）が建立され、板橋の新名所として甦った。墓地には1984（昭和59）年に国民栄誉賞を受賞した冒険家・植村直己の墓もある。

板橋区立郷土資料館
1972（昭和47）年に赤塚城址跡及び赤塚溜池公園に隣接して建てられた板橋郷土資料館は、郷土板橋に関する歴史や文化について学べる施設。旧石器時代から明治時代以降まで、各時代ごとに分けて展示する常設展のほか、企画展・特別展も開催されている。敷地内には江戸時代後期に建てられた萱葺き古民家（旧田中家住宅）が移築されている。

都立赤塚公園
赤塚台地の崖地を利用して造られた公園。東西に細長く広がり、運動施設のある中央地区、ハイキングが楽しめる沖山地区、赤塚城の本丸跡がある城址地区などがある。大門地区には区の花「ニリンソウ」の自生地が広がり、毎年４月上旬になると崖地の斜面に沿って自生する真っ白なニリンソウのじゅうたんを楽しむことができる。

童謡詩人・清水かつら・
成増駅南口「うたの時計塔」
緑のそよ風・叱られて・靴が鳴る・雀の学校などの童謡を作詞した清水かつらは、板橋ゆかりの童謡詩人。成増駅南口の駅前ロータリーには「うたの時計塔」があり、時間になると清水かつらの童謡が流れる。北口には「みどりのそよ風」の記念碑もある。

区立赤塚溜池公園
「赤塚公園」に隣接した区立公園。中央に、かつて農業用水として使用していた溜池がある。園内には区立美術館や郷土資料館、また周辺には、都立赤塚公園や赤塚諏訪神社、東京大仏など板橋区の見どころがそろっており、周辺施設を巡る散策も楽しめ、区民の憩いの場となっている。

赤塚エリアの風物詩 (写真と文：井上富夫)

新緑に包まれた東京大仏

赤塚の乗蓮寺にある像高8.2mの露座の大仏。参道の石段を上って境内に足を踏み入れると、その存在感に圧倒される。1977（昭和52）年の完成から半世紀近い歳月を経て、青銅の色も落ち着きを増した。板橋区を代表するランドマークの一つだ。

新東埼橋

1964（昭和39）年の東京オリンピック開催に伴い、各地で次世代の財産となるようなインフラ整備が行われた。川越街道でもバイパスが整備され、白子川をまたぐ新東埼橋の欄干には、五輪マークの透かし模様が施された。

赤塚諏訪神社の夫婦イチョウ

夫婦和合や子孫繁栄の信仰を集める板橋区の天然記念物。葉が色づく頃も捨てがたいが、見事な枝ぶりが確認できる落葉後の姿には、御神木としての神々しさすら感じる。かつては徳丸ヶ原（高島平）からもその雄姿が望めたという。

板橋区に隣接する光が丘団地。広大な敷地は、戦前は成増陸軍飛行場、戦後はＧＨＱに接収されて米軍の家族住宅「グラントハイツ」になった。1973（昭和48）年に全面返還され、「光が丘」という地名になり、大規模団地である光が丘パークタウン（光が丘団地）と光が丘公園が造成された。◎1985（昭和60）年5月27日 撮影：朝日新聞社

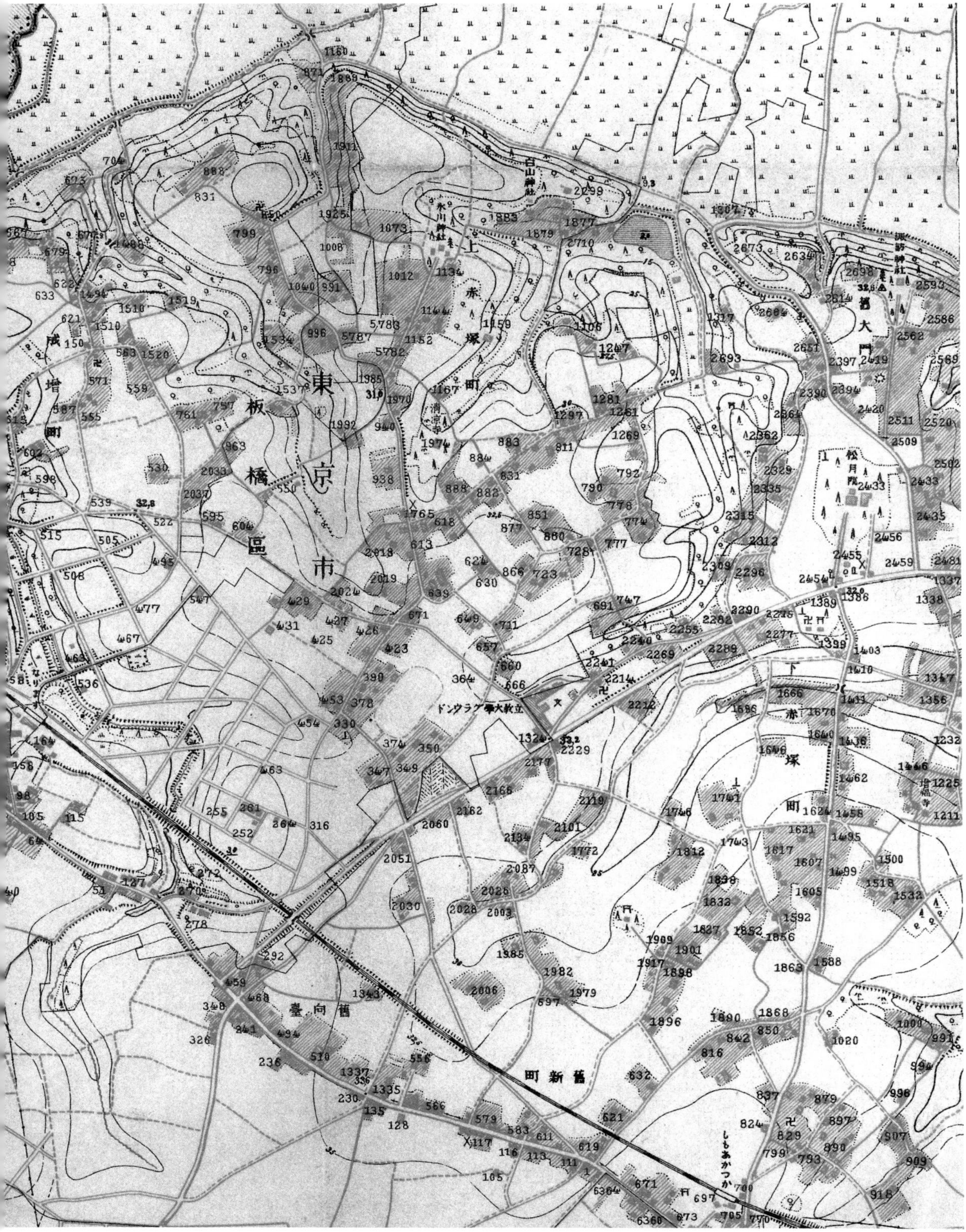
東京市
板橋區
上赤塚町
下赤塚町
成増町
大門
白山神社
氷川神社
諏訪神社
松月院
増福寺
立教大學グラウンド
舊向臺
舊新町
しもあかつか

昭和12（1937）年当時の東武鉄道東上線周辺

帝国陸軍参謀本部陸地測量部「1/10000地形図」

板橋区
上赤塚町
下赤塚町
成増町
白山神社
氷川神社
清涼寺
諏訪神社
松月院
稲荷社
増福寺
不動尊
区赤塚支所
しもあかつか

昭和30(1955)年当時の東武鉄道東上線周辺

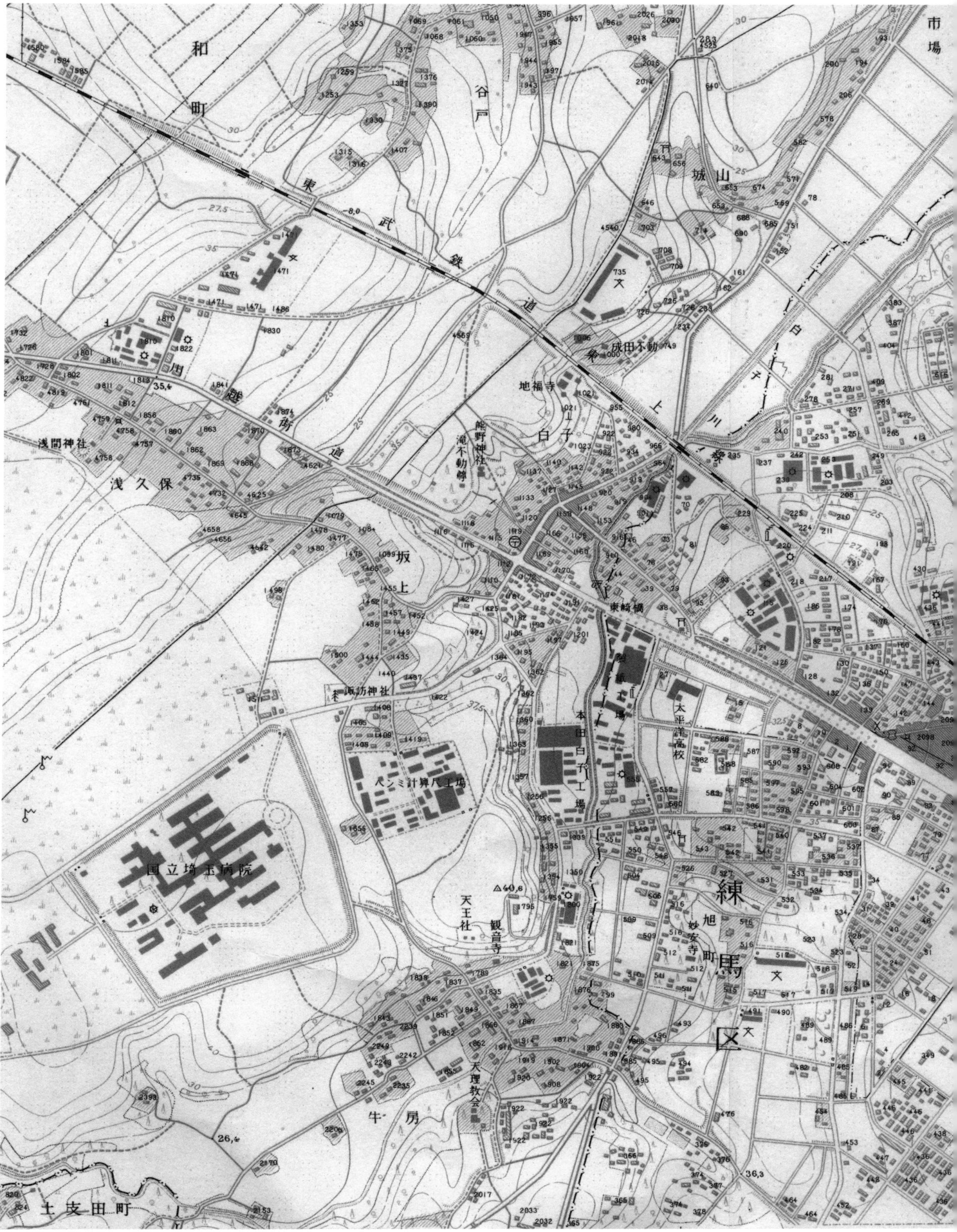

建設省地理調査所「1/10000地形図」

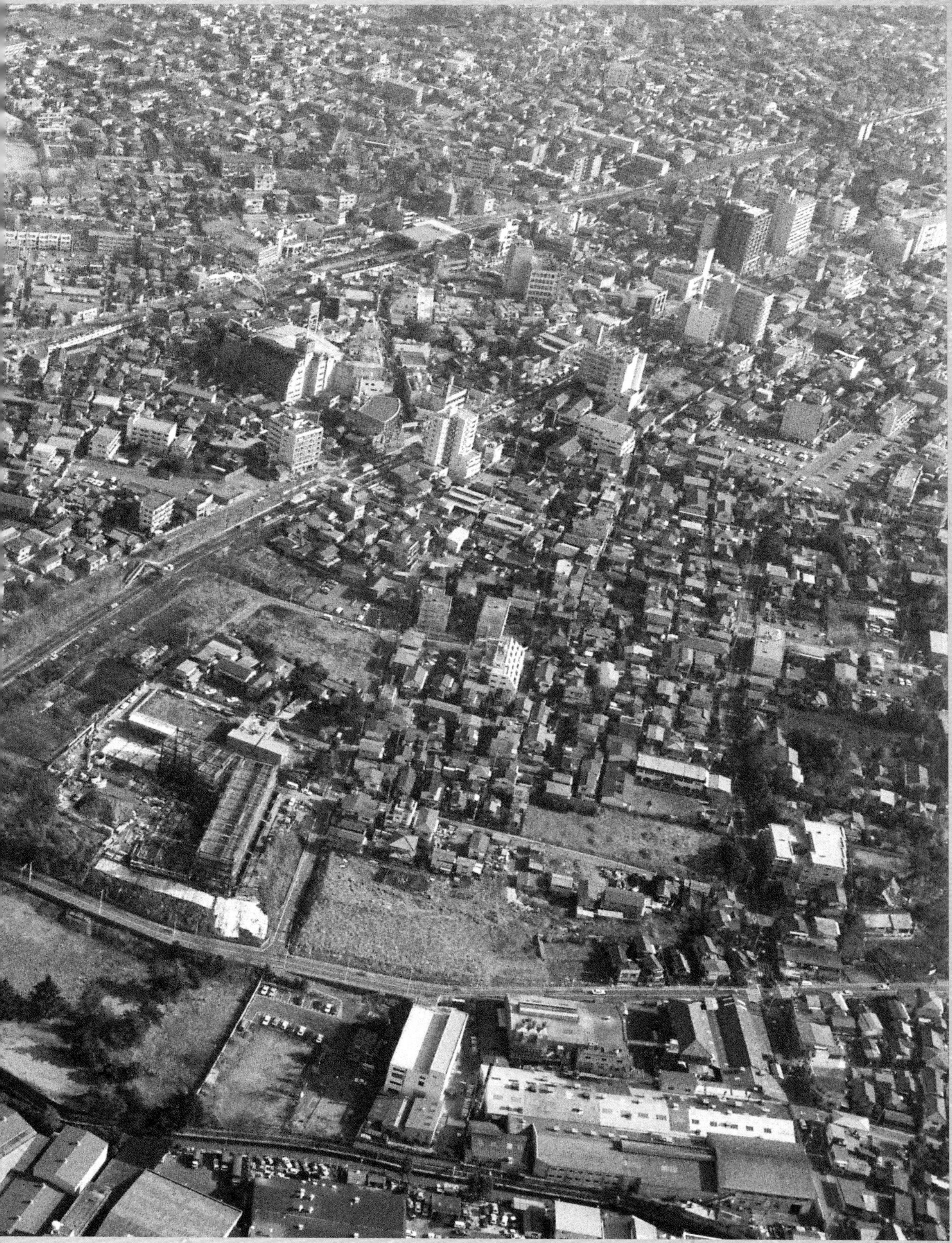

和光市白子の上空から板橋区成増の川越街道（左下から右上）周辺を空撮したもの。左上は東武東上線。並行しているのが川越街道。成増から白子に向かう川越街道は下り坂となる。下方の川越街道とバイパスが分かれるところに白子川が流れている。手前の建物は和光市白子の和光パークファミリア。◎1982（昭和57）年12月15日 撮影：朝日新聞社

(5)高島平エリア

かつては荒川低地の水田地帯だったが、昭和40年代に大規模高層住宅・高島平団地が出現し様変わりした。荒川・新河岸川沿いは現在も工場集積地。蓮根や西台など都営三田線沿線は商業の中心地だ。荒川河川敷が整備され、憩いの場が生まれた。

昭和の出来事

徳丸たんぼに高層団地が出現

1930（昭和５）年に荒川直線化の大改修工事が終わり、赤塚・徳丸・西台の各農家は、高台下の水田が洪水に遭う心配がなくなった。しかし、昭和30年代に各家庭や工場の排水で農業用水が汚濁。機械化も進まず、農家の収益も減少し始めた。打開策として1963（昭和38）年に日本住宅公団（現・都市再生機構）へ36万坪もの水田を売却。そして1969（昭和44）年に公団の工事が始まり、３年後に完成した。かつての広大な徳丸ヶ原に、人口３万人を超える大団地が誕生した。

トラックターミナルの建設

高島平と言えば、「大団地」で知られるが、もう一つの計画も進んでいた。それは都営地下鉄・三田線と新河岸川の間に広いトラックターミナルを造るプロジェクトだ。隣接して板橋市場を計画も予定され、これらの工事は団地建設に先行して進められた。

都内に入る大手運送会社のトラック基地を高島平に設けたことで、東京へ入るトラックの数は緩和される。また板橋市場の誘致も同様の理由からだった。

戸田市と花火大会を同時開催

1930（昭和５）年の荒川大改修工事で荒川の蛇行部が取り残され、埼玉県戸田町の一部（約７万坪）が板橋区に飛び地した。この複雑になった都県境をシンプルにするために板橋区と戸田町が協議。結果、板橋区が戸田市に220万円を支払うことで合意した。そしてこれを記念し、翌26年に戸田町と板橋区の後援で戸田花火大会が開催された。花火大会はその後毎年共催で開催され、中断した年もあったが、すでに半世紀以上の歴史を持つ伝統行事となった。

板橋トラックターミナル
東京都や日本政策投資銀行、物流企業などが出資する日本自動車ターミナル（本社：東京都千代田区）が運営。昭和45（1970）年に供用を開始した、長距離用の路線トラックと配送用トラックの積み替えや一時的な荷物保管を行う拠点になっている。

＜エリアスポット＞

東京都中央卸売市場 板橋市場
都内に11か所ある卸売市場の一つ。主に青果物、花卉を取り扱っており、場内見学もできる（12月を除く）。例年、秋に「板橋市場まつり」が開催され、野菜、果物や花などが格安で買える。販売以外にも様々なイベントが催され、人気を呼んでいる。

板橋清掃工場
周辺のどこからでも望める高さ130mの煙突と、壁面緑化に覆われた板橋清掃工場は、高島平地区を代表する景観の一つ。家庭から出るごみを高温焼却し、近隣の区立高島平温水プール、熱帯環境植物館、高島平ふれあい館に熱供給。衛生的に処理している。

徳丸原遺跡碑
徳丸ヶ原公園の「徳丸原遺跡碑」は、1841(天保12)年に高島秋帆(たかしましゅうはん)が幕府の御用地である徳丸ヶ原(現・高島平)で行った洋式訓練を記念した碑。1922(大正11)年に弁天塚(高島平6-2番地内)に建てられたが、1969(昭和44)年に現在の徳丸ヶ原公園に移された。碑文には高島秋帆が洋式歩兵隊操作等を行ったことが記されている。扁額は徳富蘇峰の筆とされている。

板橋区熱帯環境植物園
熱帯魚や温室の珍しい植物を観察しながら、熱帯の環境や地環境を楽しく学ぶことのできる植物館。東南アジアの熱帯雨林を温室、冷室、ミニ水族館で再現し海から高山帯までの自然を体験することができる。

徳丸ヶ原公園
公園がある一帯の徳丸ヶ原は、江戸時代に徳川幕府の砲術場だった。日本で初めて高島秋帆による西洋式砲術訓練がされた歴史ある場所でもある。現在は、地域の子どもたちのために、すべり台やブランコなどの遊具もそろえている。自然豊かな小川やアーチ橋もあり、木々に囲まれながら散策もできる。写真左端、ケヤキの古木の下に「徳丸原遺跡碑」が見える。

新河岸公園 水神宮碑
荒川河川敷のそばにある「新河岸公園」。遊具のあるふつうの児童公園に見えるが、公園の西端には、水難事故防止のために建てられた江戸時代の「水神宮碑」が移設されている。荒川の洪水が起きないように祈願したもので、貴重な赤い鳥居まである。板橋区の文化財(記念物)に登録されている。

高島平エリアの風物詩 (写真と文：井上富夫)

浮間ヶ池

浮間公園は北区との境にある都立公園。その中央にある浮間ヶ池は、かつての荒川流路跡である。1928（昭和３）年ころ、ここに堤防が築かれて釣り堀として親しまれていたが、1967（昭和42）年に都立浮間公園として開園した。

高島平のケヤキ並木

1972（昭和47）年、徳丸田んぼの跡地に公団高島平団地が完成。高島平駅から都立赤塚公園へ続く600mほどの道は、ケヤキの並木道として整備された。それから50年の歳月を経て木々も成長し、趣のある並木地となっている。

特集・高島平団地

板橋のイメージを変えたマンモス団地

数年前まで「徳丸田んぼ」と呼ばれる広大な水田地帯が広がっていたところに、突然出現したマンモス団地の「高島平団地」。1972（昭和47）年から一斉に入居が始まり、翌年の3月までに賃貸と分譲を合わせて1万170戸が入居した。トラックが連なって行われた引っ越しは何ヶ月にもわたり、まさに「民族の大移動」だった。

当時、予想に反して入居したのは若い世代の人たちが多かった。そしてしばらくすると、いわゆる団塊世代の第二次ベビーブームと重なり、子どもの数がどんどん増えていった。団地の至るところでお腹の大きな女性の姿が見受けられたという。

その子どもたちの成長とともに、幼稚園が足りなくなり、小学校が足りなくなる。どんどん学校をつくらなければならない状況になってきた。これらに対応していく板橋区の努力は大変なものだった。

もともと高島平は板橋区の都合だけ出来たわけではない。東京の交通戦争を回避させるため、大型トラックをここで食い止める意図があったのである。区部外縁部には5つのトラックターミナルがあるが、高島平にあるのもその一つだ。

あれから半世紀以上経った今、高島平団地は建物も人も高齢化時代を迎え、同時に少子化という課題も抱えている。

高島平（志村駅）改札外工事中
1969（昭和44）年
この頃は駅の改札口付近もまだ工事中だった。1969（昭和44）年８月に志村駅は「高島平駅」に名称が変わるが、駅入口にはまだ「都営地下鉄・志村駅」の看板が下がっている。

高島平(志村駅)工事中　1969（昭和44）年
工事中の駅北側の様子。1969（昭和44）年８月には、駅名を「志村駅」から「高島平駅」に改称。同年３月１日の住居表示実施により、駅周辺は新しく「高島平」の町名が定められた。

高島平駅航空写真　1971（昭和46）年頃
団地ができるまでは広大な水田地帯が広がっていた。写真はほぼ完成しつつある1971（昭和46）年頃の高島平団地全景。団地前には1968（昭和43）年に開業した都営地下鉄６号線（現・三田線）の線路と高島平駅が見える。

板橋区高島平１丁目の上空から、高島平のマンモス団地（高島平団地）周辺を空撮したもの。右側は高島通りと都営地下鉄三田線。駅は手前から高島平・新高島平・西高島平の各駅。左上にトラックターミナル、その横に東京都中央卸売市場（板橋市場）が見える。真上に流れるのは荒川、左端は笹目橋。◎1978（昭和53）年１月27日 撮影：朝日新聞社

工事中の志村（現・高島平）駅と駅前道路　1969（昭和44）年
「志村駅」の看板が下がる北側の駅前道路を東方向に向いて撮影した写真。都心に向かって（左上奥）西台駅方向に線路用地が伸びている。駅入口の様子は現在も変わらない。

高島平団地完成　1972（昭和47）年２月
完成した高層の高島平団地。建設計画では５階建て程度の中層団地が中心だったが、都心部の住宅不足が悪化する中、14階建て中心の高層団地に計画変更。当初の倍以上の規模となった。

入居済みの高島平団地　1972（昭和47）年5月
1972（昭和47）年１月、高島平駅近くの14階建ての２棟から入居が始まり、その後も入居は断続的に進み、翌年の３月の第五次入居で完了。約１万世帯、２万９千人が入居した。

高島平駅前を走るマラソン選手　1973（昭和48）年
駅と団地の間の高島平通りを走るロードレース（区民体育大会）の選手たち。これまでの川越街道や中山道コースが交通渋滞のため、1973（昭和48）年から高島平方面にロードレースのコースを変更した。

東京市
板橋區
志村西臺町
舊蓮根
蓮華寺
舊門前
天祖神社
圓福寺
志村中臺町
舊本村
稲荷社
志村西臺町

昭和12(1937)年当時の東武鉄道東上線周辺

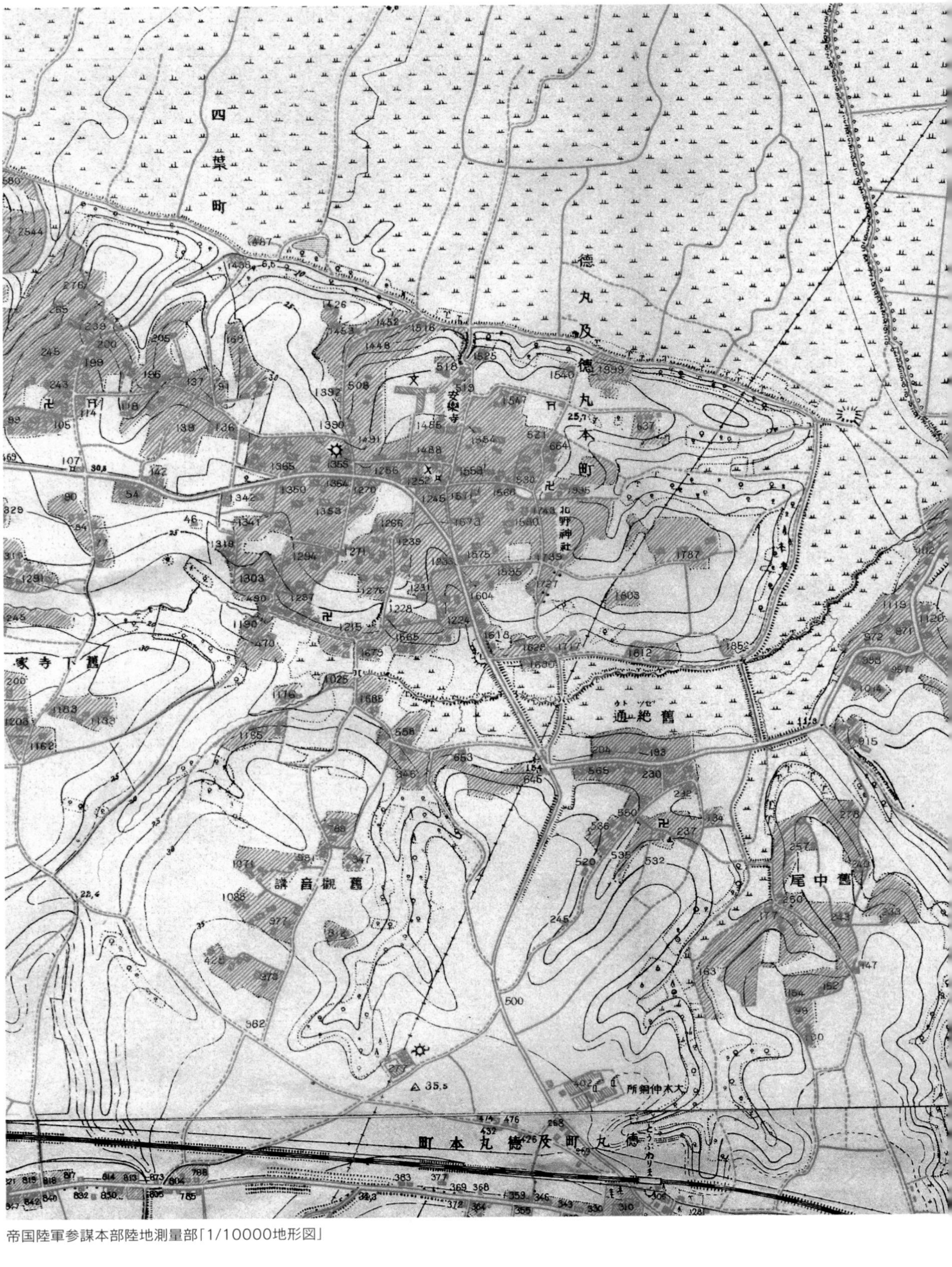

帝国陸軍参謀本部陸地測量部「1/10000地形図」

板橋区
志村西台町
馬頭観音
蓮根二丁目
渡辺製薬工場
城北公園
蓮根一丁目
天祖神社
蓮華寺
志村高校
円福寺
旭化成倉庫
志村中台町
興亜化工工場
金属工場
常盤台病院
淑徳学園
志村

昭和30（1955）年当時の東武鉄道東上線周辺

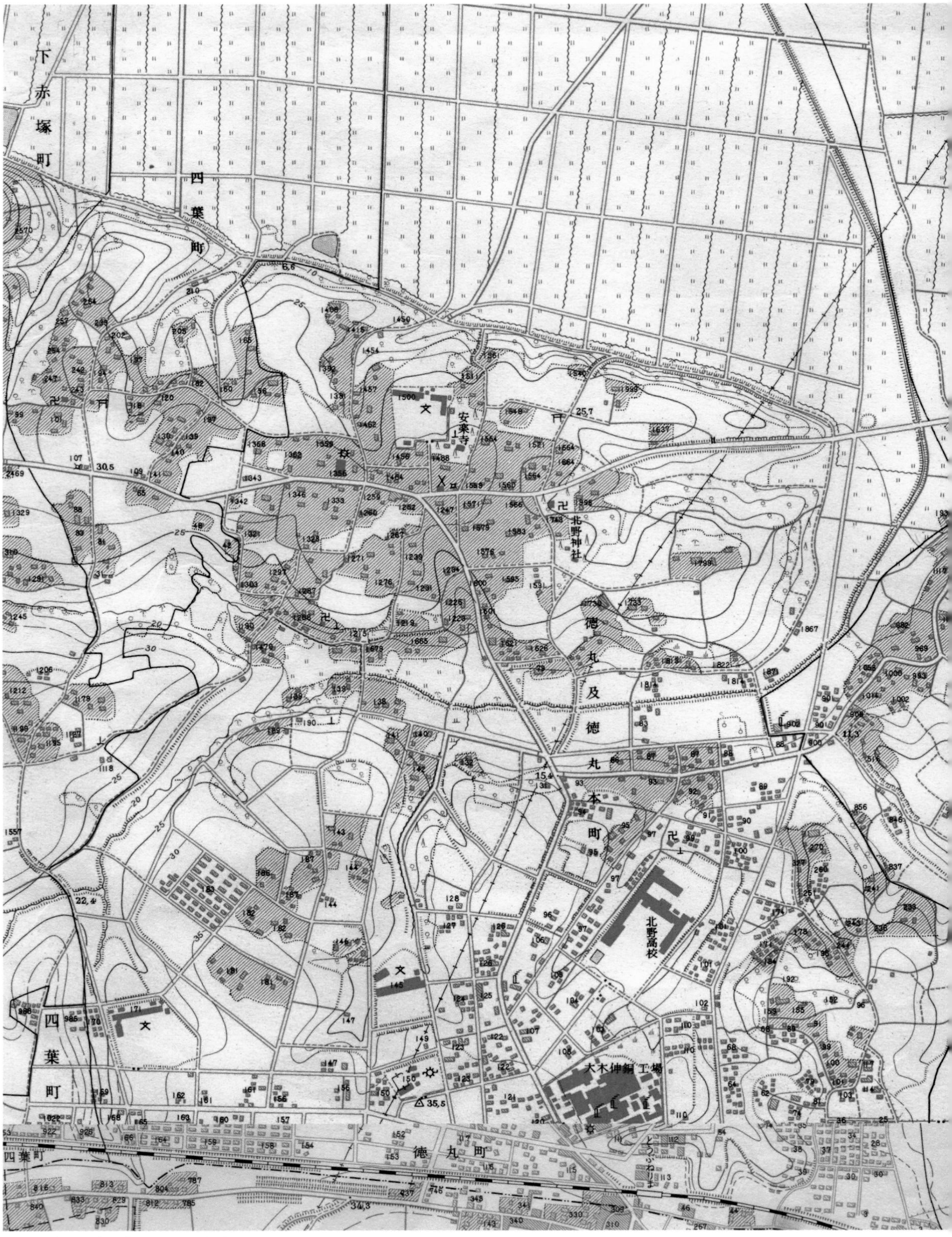

建設省地理調査所「1/10000地形図」

昭和のアルバム 懐かしの板橋

鉄道(国鉄・JR、東武東上線、都営地下鉄三田線、都電志村線)

【国鉄・JR】

板橋駅貨物取扱所(夜景)　1963(昭和38)年
当時の国鉄板橋駅(現・JR板橋駅)は、赤羽線唯一の貨物取扱駅だった。正面奥が板橋駅で、右奥は国鉄板橋アパート。

板橋駅前本通り商店街　1953(昭和28)年頃
板橋駅付近は旧板橋宿(平尾宿)の一部で、戦前、戦後も賑わった。そして1950(昭和25)年に区画整理で旧中山道が拡幅され、整備されている。写真は(1953)昭和28年頃の板橋駅前本通りの様子。やはり行き交う人々で賑やかだ。

板橋駅前広場
1965（昭和40）年
駅前のタクシー乗り場前を忙しそうに往来する人々。右奥に「祝板橋駅開業80周年」の看板を掲げたアーチが見える。前方に美容室や寿司店などの商店並んでいる。

「祝板橋駅開業80周年」記念アーチ
1965（昭和40）年
板橋駅は1885（明治18）年３月１日に開業。1965（昭和40）年には80周年を迎える。その誇らしい記念アーチが駅前広場の中でひときわ目立っている。

板橋駅改札口＆切符売場付近
1967（昭和42）年
板橋駅は、西口が板橋区、東口が北区、ホームの南側は豊島区と３区の区境に立地する珍しい駅だ。写真は板橋区に向いた板橋駅西口。朝の通勤時なのか、大勢の人々が駅に向かっている。以前の住所は板橋区板橋一丁目であったが、駅長室の移動により現在の住所は北区滝野川七丁目である。

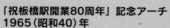

【東武東上線】

大山駅　1955（昭和30）年
1931（昭和６）年８月25日に開業した大山駅。写真は駅南口で、昭和30年に撮影されたものだが、階段の位置など現在とほとんど変わらない構造であるのに驚く。◎撮影：荻原二郎

下板橋駅　1954（昭和29）年
写真は1954（昭和29）年に撮影された下板橋駅北口の駅舎とホーム。改札口の位置は現在とまったく同じだ。踏切の位置もそのままで、この頃、南口に臨時の改札口が出来ている。

大山駅踏切　撮影年不詳
写真の踏切は、旧川越街道と東武東上線が交差する位置にある。踏切を挟んで２つの商店街（遊座大山とハッピーロード大山）が分かれている。向って右側に渡ると、ハッピーロード大山商店街の入口に突き当たる。

中板橋駅　1963（昭和38）年
中板橋駅は、1927（昭和２）年に石神井川から水を引いた板橋遊泉園プールの利用客のための夏季だけ営業する臨時駅だったが、1933（昭和８）年に常設化された。写真は通勤・通学客が多くなってきた1963（昭和38）年頃の中板橋駅南口。

中板橋駅ホーム(通勤ラッシュ)　1963（昭和38）年
池袋まで10分もかからない中板橋がベッドタウン化するのに時間はかからなかった。朝夕のラッシュ時は通勤・通学の乗客であふれ、駅員が汗だくで押し込んでいる風景は珍しくなかった。

東武東上線環七工事（中板橋〜ときわ台間）　1963（昭和38）年
東武東上線の線路下を環七がくぐるアンダーパスの工事中写真。「東京都市計画道路幹線街路環状第７号」として整備されたことから「環七通り」、あるいは「環七」の通称で呼ばれる。

ときわ台駅(タクシー乗り場)　1963（昭和38）年
1963（昭和38）年に撮影されたときわ台駅。タクシーの形を見ても時代を感じることができる。都内の駅舎が高架化や駅ビル化が進む中、ときわ台の駅舎だけは落ち着いた寄棟屋根と大谷石の壁というモダンな建物だった。

成増駅南口のロータリー　昭和40年頃
成増駅は1914（大正３）年５月１日、東上線開業と同時に開設されている。写真は南口のロータリー。タクシーが並ぶ中、東武バスや西武バスも停車している。

ときわ台駅前のロータリー　1968（昭和43）年
ときわ台駅北口側は、1935（昭和10）年に東武鉄道が沿線開発事業の一環として、初めて宅地分譲を行った地域。ロータリーを起点に、お屋敷町と呼ばれる「常盤台住宅地」が広がっている。きれいに整備された駅前ロータリーはその象徴になっている。

大山駅　歩道橋完成　1971（昭和46）年
歩道橋が完成したばかりの大山駅。珍しいのか、写真を撮っている人たちがいる。右奥に「大山銀座商店街」が見えている。東京でも有数の大きな商店街エリアだけに乗降客も多く、歩道橋の実現でより便利になった。

東武練馬駅北口　1970（昭和45）年
1931（昭和６）年の開業時、駅の北側は北豊島郡赤塚村徳丸で、南側は北豊島郡練馬町であった。駅名に「練馬」が使われているのは、駅南側を通る旧川越街道の下練馬宿に由来する。すでに武蔵野鉄道(現・西武池袋線)に練馬駅があったので、「東武練馬」駅となった。

構内駐車厳禁

東武東上線の成増駅。現在では目にすることが少ない木造の造りで、「構内駐車厳禁」と手書きの立て看板ものどかな時代を表している。現在は橋上駅となっているが、この駅は東上鉄道として1914（大正３）年に開業してから当時まで変わっていない。左端に停車しているタクシーの形も時代を象徴している。◎1964（昭和39）年８月 撮影：朝日新聞社

【都営地下鉄三田線】

都営地下鉄工事中　1967（昭和42）年
現在の都営地下鉄三田線は、1965（昭和40年）12月11日に「都営地下鉄６号線」として建設工事が開始された。写真はそのトンネル内現場を撮影したもので、貴重な１枚だ。

都営地下鉄試運転　1968（昭和43）年
1968（昭和43）年12月27日に、「都営地下鉄６号線」として巣鴨～志村（現・高島平）間、10.4kmが開業。6000形電車が４両編成で営業開始された。写真はその試運転の様子。

都営地下鉄夜の工事　1967（昭和42）年
1967（昭和42）年の撮影当時、工事開始から２年目を迎えた現場。突貫工事で夜通しの作業が行われ、現場は至るところに照明設備が施され、まるで昼間のような明るさだった。

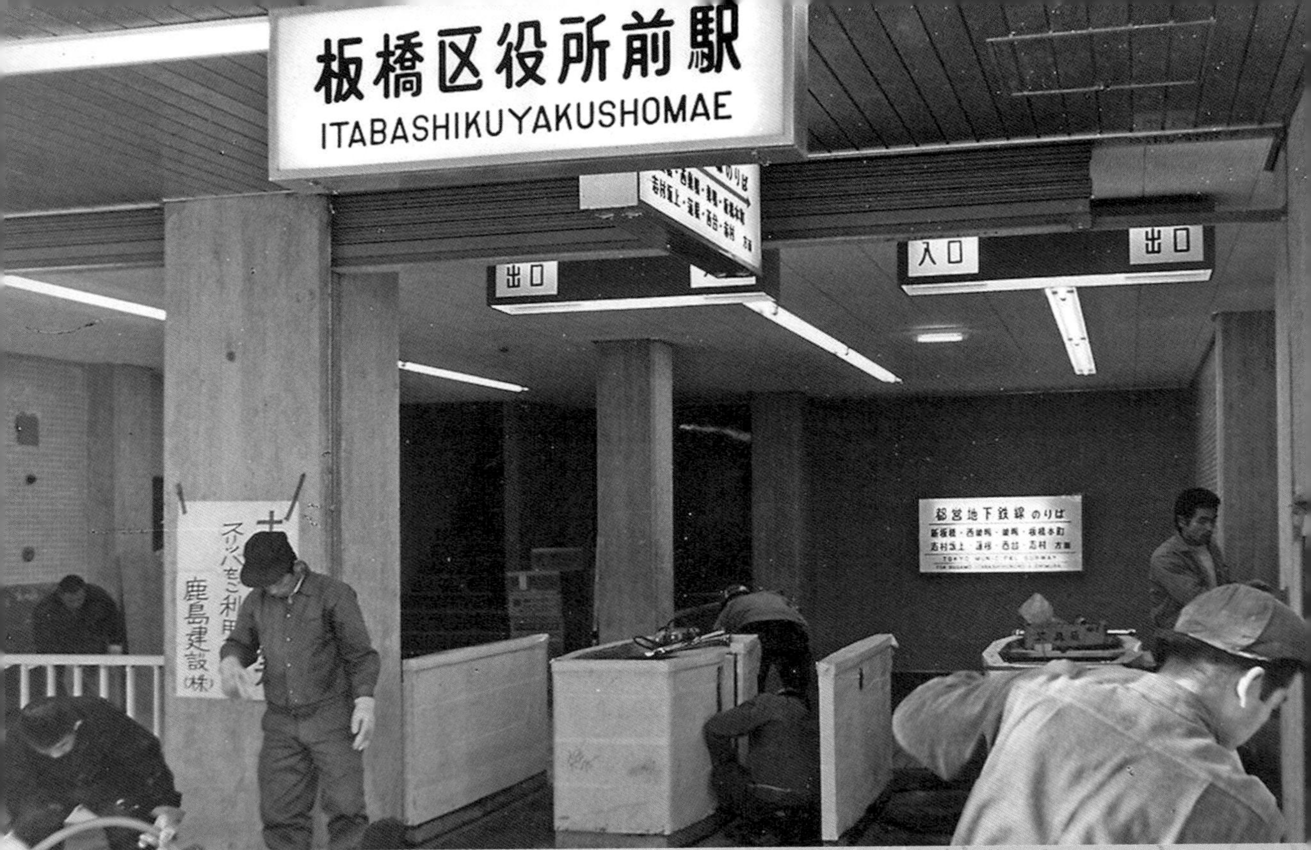

地下鉄板橋区役所前駅改札付近　1968（昭和43）年
都営地下鉄６号線（現・都営地下鉄三田線）は、1968（昭和43）年12月に開業するが、写真は開業間際の「板橋区役所前駅改札付近」を撮影したもの。最後の仕上げで作業員がホースで水をまき丁寧に掃除をしている。

都営地下鉄開業巣鴨駅　1968（昭和43）年
1968（昭和43）年12月27日、巣鴨～志村（現・高島平）間が開業した「都営地下鉄６号線」。巣鴨駅では初めて志村へ向かう電車の開通式が行われた。なお、都営地下鉄６号線は、10年後の1978（昭和53）年に「都営地下鉄三田線」に改称される。

【都電志村線】

志村橋線地鎮祭　1954（昭和29）年頃
1955（昭和30）年に巣鴨車庫～志村坂上間を走る41系統の都電が志村橋まで延長されることになった。そこでその工事の無事を祈念して、前年の29年頃に工事前の地鎮祭が行われた。

41系統の都電が悠々と走る　1954（昭和29）年
中山道の巣鴨車庫前～志村坂上間を走行する41系統の都電。まだこの頃は車も少なく、悠々と走っている姿が印象的だ。右下のオート三輪も時代を表している。翌年には志村坂上～志村橋間に新線が開業した。

都電の渋滞　1963（昭和38）年10月
1963（昭和38）年頃になると、モータリゼーションの時代を迎えて道路の渋滞が発生。都民の足となっていた都電も満足に走れない状態になってきた。写真は渋滞で動けなくなっている都電が連なる様子。

区役所前を走る都電　1963（昭和38）年
中山道と山手通りが分かれる地点（区役所前）で混み合っている道路。この頃から都電は邪魔者扱いされることが多くなってきた。車の数が多いのも時代の象徴だ。

車やバスに囲まれて走る都電　1966（昭和41）年
いよいよ都電が廃止される機運が高まってきた時期。車やバスに囲まれてノロノロ走る都電の姿は何だか肩身が狭そうだ。都電の軌道上でも遠慮なく走っている車も見受けられる。

渋滞の中のラストラン　1966（昭和41）年
この年の５月、都電の軌道下（中山道の地下）を走る都営地下鉄６号線（現・三田線）が開通。巣鴨車庫〜志村橋間を走る都電志村線は廃止されることになった。写真はラストランの巣鴨行きの電車。

「ありがとう」の垂れ幕で走る　1966（昭和41）年
「長い間ご愛用ありがとうございました」という垂れ幕を下げて走行する最後の都電。1955（昭和30）年に開業した志村線の志村坂上〜志村橋間は、わずか11年しか走らなかった。都電ファンにとってはさみしい出来事となった。

混み合う車内　1966（昭和41）年
もうすぐ乗りたくても乗れなくなる都電。せめて最後に乗っておこうと思った人たちは多かったはず。廃止が決まった都電は連日混み合ったという。譲り合って席を空ける乗客たちの姿が微笑ましい。

狭い停留場で都電を待つ乗客　1965（昭和40）年
車道とフラットに設けられた狭い停留場で41系統の都電が来るのを待つ大勢の乗客たち。渋滞の元凶のように言われ出した都電だが、まだまだ必要とされていることがわかる。

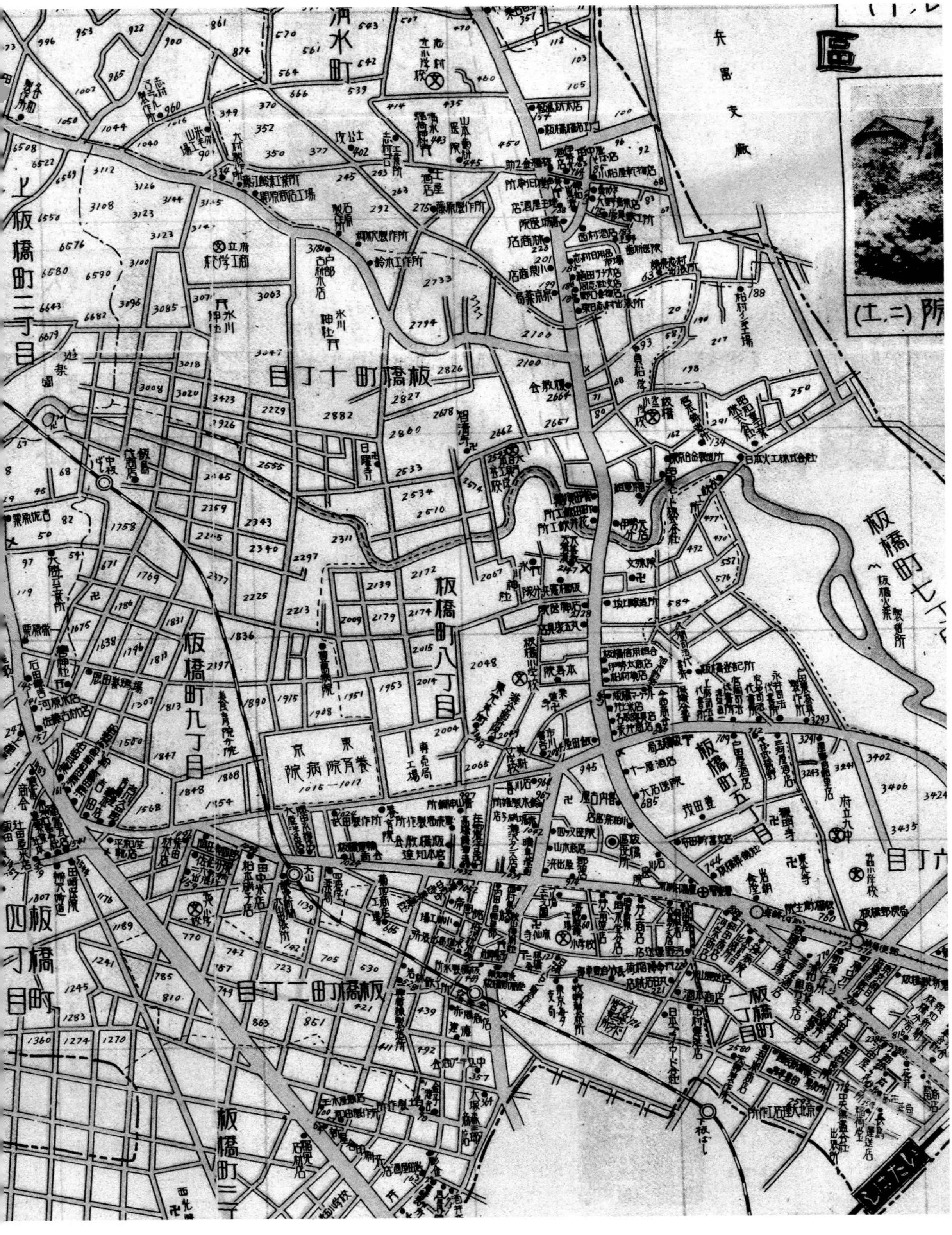
清水町
上板橋町三丁目
板橋町十丁目
板橋町八丁目
板橋町九丁目
板橋町五丁目
板橋町七丁目
板橋町六丁目
板橋町二丁目
板橋町一丁目
板橋町四丁目
板橋町三丁目
兵器支廠
東京養育院病院
養育院分院
区

昭和10(1935)年当時の板橋区

東京交通社「大日本職業別明細図 板橋区」

國道
志村蓮根町
志村長後町
志村町
町台中村志
志村小豆沢町

昭和10（1935）年当時の板橋区

東京交通社「大日本職業別明細図 板橋区」

川と橋

石神井川栗原堰付近
1951（昭和26）年頃
昔も今も石神井川は区民の暮らしに身近な存在だ。写真は1951（昭和26）年ころの石神井川栗原堰付近。清流の石神井川で水遊びをする子どもたちや大人の姿が見える。左側にあるのは星野牧場。この牧場のあった場所は都立城北中央公園になっている。

石神井川下頭橋
1954（昭和29）年
石神井川に架かるさまざまな橋の中でもよく知られている下頭橋。「下頭橋宇の六蔵さん」という板橋むかしばなしで語り継がれる逸話も有名だ。そばに小さな六蔵祠も建つ。

石神井川岸工事
1961（昭和36）年
1958（昭和33）年９月の狩野川台風で石神井川は氾濫。上流にあった木造の橋が下頭橋にぶつかり、道路上に打ち上げれられる惨状だった。これを教訓にして、昭和34年以降、河口部から改修工事がスタートした。写真は1961（昭和36）年に行われた石神井川岸工事。

戸田橋聖火リレーリハーサル　1964（昭和39）年
1964（昭和39）年10月に開催された東京オリンピック。大会ムードを高める聖火リレーは各地の大イベントとなった。写真は、戸田橋の上を走る聖火リレーのリハーサル風景。

戸田橋聖火リレー通過　1964（昭和39）年
こちらは聖火リレーの本番。リハーサルと同じ戸田橋を白バイ先導で駆け抜けていく。やはりリハーサルとは違って緊張感が伝わってくる。聖火の煙の量も半端ではない。

荒川を挟んで東京都板橋区舟渡町と埼玉県戸田市を結ぶ戸田橋。関東大震災後、東京の北の玄関口として架けられた。江戸時代に戸田の渡しがあったところで、1875（明治８）年に最初の戸田橋が架けられた。写真は３代目の橋で、この頃すでに４代目の橋である新戸田橋の工事が着手されている。◎1973（昭和48）年12月18日 撮影：朝日新聞社

新河岸川平沼橋（現・早瀬橋
1954（昭和29）年
現在の早瀬橋付近からは想像も出来ない、1954（昭和29）年頃ののどかな新河岸川平沼橋周辺の風景。30年代から始まる高度経済成長期の慌ただしさを思うと、まるで嵐の前の静けさ、といったところだろうか。

笹目橋開通　1964（昭和39）年
板橋区の三園と埼玉県の戸田を結ぶ「笹目橋」が昭和39年７月に開通した。これは東京オリンピックで戸田漕艇場（昭和15年完成）をボート競技の会場として使うための整備の一環として造られたもの。

戸田橋　1968（昭和43）年
戸田橋は、東京都板橋区と埼玉県戸田市の間に流れる荒川に架かる国道17号（中山道）の道路橋。現行の橋は1978（昭和53）年完成の４代目。橋長519.0ｍ、幅員21.0ｍ、最大支間長88.4ｍの７径間鋼連続箱桁橋である。歩道も両側に設置されている。

新河岸川に架かる徳丸橋
1971（昭和46）年
徳丸橋は、北岸・新河岸１丁目と南岸・高島平８丁目に架かる橋。周辺には東京ガス板橋整圧所や板橋清掃工場があり、橋からは巨大な球型のガスタンクが見える。

石神井川氾濫
1974（昭和49）年
集中豪雨で氾濫した一級河川の石神井川。この年は台風18号でも氾濫した。子どもたちが洪水であふれた道路上で遊んでいる姿が痛ましい。

笹目橋開通式（白バイ先導）
1977（昭和52）年
1977（昭和52）年に新笹目橋が開通。荒川を超える交通網の利便性が大幅に向上した。写真は白バイが先導して行われた開通式。翌年には東側に戸田橋の上り線も開通、全面開通が実現した。

みち

旧中山道　昭和31年
板橋区では昭和２（1927）年から同８（1933）年の夏にかけて「新中山道」が工事されたが、写真は昭和31（1956）年頃の旧中山道。低い位置でカメラを構えたのか、左端に排水路が写っている。舗装路でないこともあり、風情が感じられる。

都電＆車が往来する中山道　昭和38年
国道17号の西巣鴨交差点から埼玉県境までの「東京都通称道路名」を中山道と称している。昭和38（1963）年頃の中山道は、真ん中が都電の軌道で、両側をバスや自動車が走っていた。すでに渋滞の様子が見て取れる。

環七陸橋工事中　昭和38年
中山道の陸橋は、板橋区大和町と同区本町の間で国道17号(中山道)に架かる東京都道318号環状七号線（環七通り）の跨道橋(陸橋)のことをいう。写真は昭和38（1963）年頃の工事中の様子を撮ったもの。

川越街道五本けやき
昭和38年
写真は新川越街道（現在の国道254号）を車が往来する様子。中央にあるのは、この道路の新設工事で伐採される予定だった５本のケヤキ。旧上板橋村村長・飯島弥十郎家の屋敷林の一部で、同氏の強い要望により道路中央に５本のケヤキだけが残された。また残すことが道路用地提供の条件だった。

中山道の大渋滞
昭和38年10月
高度経済成長期の30年代からモータリゼーションの進展で日本の各地で道路の大渋滞が起こっていた。板橋区の中山道も例外ではなく、まだ都電も走っており、連日、大渋滞に陥っていた。

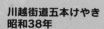

聖火リレーを待つ沿道の人々　昭和39年10月
昭和39（1964）年10月の東京オリンピックは、国を挙げての大イベント。そのオープニングセレモニーと言える「聖火リレー」は板橋区民にも大関心を呼んだ。沿道に集まった群衆を見ても、当時の人々の感動が伝わってくる。

聖火リレー（広報車）
昭和39年10月
聖火リレーの当日は、「オリンピックに協力しましょう！聖火は今日、板橋区を通過します」という役所の広報車だろうか、両脇に日の丸をはためかせて走る晴れ姿が人々の目を引いた。

中山道陸橋完成　昭和40年
昭和40（1965）年8月23日、環七通り大和町陸橋が竣工、国道17号と立体交差となる。写真は「祝・開通、中山道陸橋」という垂れ幕が下がる大和町の交差点。報道関係者の記者たちも取材に来ている。

中山道渋滞（区役所前付近）
昭和44年
昭和41（1966）年に都電が撤去されても車の大渋滞は増すばかり。写真は大渋滞の区役所前付近。立ち往生している路線バスやトラック、タクシー、自家用車などさまざまな車の列が続いている。

商店街

大山銀座通り　昭和29年
戦後にいち早く復興したのが大山銀座通り。この商店街は、昭和31（1956）年に「美観街」と称するようになった。そして昭和53（1978）年にはアーケードを設け、ハッピーロードと名称を変更した。写真は昭和29（1954）年の大山銀座通り。

大山銀座通り(夜景)
昭和29年頃
「大山銀座通り」とネオンサインでライトアップされた賑やかな商店街の様子。この頃は夜でも店は営業し、人通りも絶えなかったようだ。

十丁目上町商店街　昭和29年
もう見られなくなったチンドン屋が練り歩く十丁目上町商店街の一コマ。ちょうどお菓子屋さんの前を通りかかったところ。店員さんたちも思わず見とれている。

賑わう大山銀座美観街
昭和35年
大山銀座通りが「大山銀座美観街」と名前が変わっている。手前に「コーセー化粧品」ののぼりが立つのは化粧品屋なのだろうか。雑貨店、食品店、家具屋とさまざまな業種の店が連なっている。後ろには時代を感じさせるオート三輪車も見える。

大山銀座美観街(お祭り)
昭和43年
大山銀座美観街をお祭りの神輿が通る。この頃の商店街は、大山駅から川越街道まで全長約600mの道路沿いには、約220店舗が並んでいたという。

車両通行止めの不動通り商店街
昭和45年
昭和45（1970）年頃の不動通り商店街。期間と時間は定めているものの、なんと「買物道路のため車はご遠慮下さい」の立て看板が置かれている。

大山銀座商店街ミス東京パレード　昭和46年
大山銀座商店街の通りをオープンカーに乗った「ミス東京」の美女たちが笑顔をふりまきながらパレード中。現代では見られない古き良き時代の光景だ。

看板がいっぱい！の志村銀座商店街　昭和47年
撮影した時間のせいか、人通りは少ない志村銀座商店街。この頃の商店街には必ずと言っていいほど「銀座」を付けるのが人気だった。本屋、家具店、カステラ屋、履き物など、多彩な看板がズラリ並んでいる。

高島平駅前中央商店街
昭和47年
入居が始まった高島平団地の駅前中央商店街には、いろんな業種の個人商店が並んでいる。若い世帯が多い高島平団地は、子どもや赤ん坊の姿が多く見受けられる。

スイカが山積みの仲宿商店街
昭和48年
買物客で賑わう仲宿商店街。手前は果物と野菜を扱う青果店で、店先にはスイカが山積みにされている。対面販売の全盛時代だった。

大山銀座商店街
(アーケード建設起工式)
昭和52年
写真手前の立て看板に「大山銀座アーケード建設起工式式場」とある。お祓いをする神主さんの儀式を商店街の人たちが興味深く見守っている。アーケードは1978（昭和53）年4月に完成している。

ハッピーロード大山オープン！　昭和54年
アーケードも完成し、「ハッピーロード大山」が華々しくオープンした。これに先立ち、それまで大山に存在した「大山銀座商店街振興組合」と「協同組合大山銀座美観街」の２つの商店街が合併している。

施設

上板橋遊泉園　1927（昭和２）年頃
板橋区史の通史編によると、東上線開通以来、石神井川に架かる東上線の鉄橋から近隣の子どもたちが川に飛び込んで泳ぐという危険な遊びが流行。その対策として石神井川の水を引き込んで25×50mの本格的なプールを造った、とある。これが「板橋遊泉園」の始まりだった。東武鉄道はその見返りとして、夏季臨時駅の中板橋を設置、これが常設化されて「中板橋駅」になった。（２枚とも）

板橋区役所仮庁舎　昭和20年頃
1942（昭和17）年に初代区役所（旧郡役所）を取り壊して改築（木造モルタル塗２階建）したが、1945（昭和20）年の空襲で焼失した。翌日より仮区役所を北豊島工業高校（現・北豊島工業高校）と都立第九中学校（現・北園高校）とに分散開設。その後、写真の板橋第一国民学校（現・板橋第一小学校）を仮庁舎にした。第３代目の庁舎は1947（昭和22）年10月、木造新庁舎として板橋町に建てられている。（2枚とも）

大谷口水道タンク　1954（昭和29）年
大谷口給水塔、通称、大谷口水道タンクは、高さ約33ｍ、直径15ｍ。東京都水道局の施設。昭和初期の東京の人口増加に伴い、多摩川や荒川の水を配水する計画で敷設された「荒玉水道」の終点に造られた。その後、老朽化のため撤去され（平成17年６月）、同様の塔が再建された。現在は大谷口給水所となり、災害時の給水ステーションになった。バスの停留所には名前だけが残っている。

新河岸川沿いのガスタンク
1970（昭和45）年
現在、徳丸橋の手前には大きな球型のガスホルダーが３基並ぶが、写真が撮影された当時は、昭和44年12月に建設された１基だけであった。その後、昭和46年３月、昭和47年２月に各1基ずつ球型ガスホルダーが建設され、計３基になった。ここは東京ガス板橋制圧所で、常に同じ圧力で一般家庭にガスを円滑に供給している所。１基あたりの容量は20万㎥である。

都病院（旧新藤楼）
1954（昭和29）年頃

1886（明治19）年に建てられた板橋遊郭「新藤楼」は、大きな規模を誇った遊郭であった。しかし、1943（昭和18）年、軍需工場の動員学徒寮に転用されることになった廃業となった。そして戦後、この建物は「都病院」として使用されることになった。写真は1954（昭和29）年に撮影された「都病院」。

志村警察署　1954（昭和29）年頃

板橋区の東北部エリアが管轄の志村警察署は、2023（令和５）年４月、新庁舎へ移転した。写真は、1954（昭和29）年頃の志村警察署。

板橋消防署　戦後
板橋消防署は、1932（昭和７）年10月１日に誕生した。当時の管轄地域は、現在の板橋区と練馬区の全域という広大なものだった。しかし、その後に志村・練馬・石神井・光が丘の各消防署が誕生したことで、現在、板橋消防署の管轄地域は、板橋・常盤台・小茂根エリアとなっている。

板橋警察署庁舎　戦後
1881（明治14）年に開設された板橋警察署は、板橋区の東南部を管轄している。署員数が400名近くいる大規模警察署で、署長は警視正。写真は板橋２丁目に建てられた新庁舎。

板橋警察署　昭和42年頃
板橋区の東南部を管轄する板橋警察署。写真は建て替え前の板橋警察署。当時の管内は、警察官356名、派出所17か所、パトカー４台、白バイ３台であった。

古民家・粕谷邸
江戸時代、徳丸地域は徳丸本村と徳丸脇村、徳丸四ッ葉村に分かれており、粕谷邸は代々徳丸脇村の名主・粕谷氏の家。平成19(2007)年に板橋区へ寄贈され、建築当初の形を復元整備された。写真は建て替え前の旧粕谷家住宅。

板橋区立文化会館　1982(昭和57)年
写真は1982(昭和57)年10月にオープンした板橋区立文化会館。１階に1263席の大ホール、２階には306席の小ホールがあり、３階から５階にかけては、会議室と和室・茶室も設けられている。公益法人板橋区文化・国際交流財団が運営している。

Close-up

板橋区公文書館

板橋の歴史的資料を整理・保存して公開
板橋ゆかりの「櫻井徳太郎文庫」も併設

　左手に縁切榎がある交差点まで来ると、正面にもとは板橋第三小学校だった「板橋区公文書館」が見える。この公文書館は、2000（平成12）年4月1日に「東京都板橋区立公文書館条例」が施行されたのと同時に、東京23区で初の公文書館として誕生した。

　当初は板橋区立産文ホール（現・グリーンホール）7階に設置されたが、2002（平成14）年12月、同年の3月に閉校になった旧板橋第三小学校を活用するために現在の建物に移った。

　公文書館は、板橋区が区民に広く開かれた区政運営を推進する目的で開設された。区役所ではたくさんの書類（公文書）が作られる。この書類は一定期間は保存されるが、保存期間が過ぎると、役目を終えた書類として破棄される。

　しかしその中には、永久に保存すべき歴史的資料としての公文書もある。たとえば、板橋区がどんな事業をしたのか、それが区民の生活にどう関わったのかなどの記録はいわば区民の財産だ。そこでこれらの大切に残すべき公文書を選んで整理・保存し、公開している施設が公文書館なのだ。

　また、公文書以外に統計・報告書などの行政資料、板橋区史編さん過程で収集した資料（複写物）、写真、地図なども保存・公開されている。

　所蔵している（令和5年3月現在）のは、移管整理済み公文書が4万5215点、刊行物等の行政資料が、1万7949点、いたばし郷土史関係の資料が、5万3566点、自治体史が2053点、写真資料、地図資料などその他の資料が10万4196点ある。

　公文書館には「櫻井徳太郎文庫」も併設されている。櫻井徳太郎氏（平成19年8月27日逝去）は、長年板橋区に在住し「板橋区史」の編さんを統括。また区文化財保護審議会会長としても活躍、日本民俗学の大家として知られる一方で駒澤大学の学長も務めた。櫻井氏が板橋区に寄贈した民俗・歴史関係学術書等は3万9058点もあり、これらの恩恵も板橋に公文書館があったからこそだろう。1人の優れた研究者がどのように情報を集めていたのか（知の体系）を知ることができる点でも、大変、意義のある施設だ。

　なお、2021（令和3）年3月に板橋区平和公園内に開設された区立中央図書館にも、櫻井徳太郎コーナーが設けられ、櫻井徳太郎文庫にあった一部の資料が展示公開されている。

現在の公文書館外観

公文書館遠景

旧公文書館入り口（旧産文ホール）

公文書館閲覧室

櫻井徳太郎文庫（学術書書庫）

公文書書庫

東板橋公園　1954（昭和29）年
東板橋公園は、石神井川と国道17号の間の住宅街にある、中規模の区立公園。板橋区を代表する公園の一つで、歴史もある。写真は1954（昭和29）年ころの東板橋公園。1975（昭和50）年には園内に「板橋こども動物園」が開園。老朽化により2020（令和2）年にリニューアルオープンした。

東板橋公園（こども動物園）　昭和50年
東板橋公園内にある板橋こども動物園は昭和50（1975）年に設立された。写真は開園当時の様子。子どもたちが小動物と直接触れ合えるので人気を呼んだ。

見次公園　1954（昭和29）年

1953（昭和28）年に開園され、面積14,000㎡のうち70%が池という親水公園。この池は区内では少なくなった自然の湧水で、カルガモやオオバン、マガモなどの水鳥を見ることができる。また期間限定だが手こぎボートも楽しめる。春の桜、初夏の新緑の季節は特に人出が多い。

板橋大山公園　1965（昭和40）年

板橋大山公園は、「東京都健康長寿医療センター」の東側に整備されている公園。大きな木が多く、緑に癒やされる空間が広がり、日々の散歩コースにも適している。写真は、こどもの日に記念植樹をする子どもたちの様子。

赤塚溜池公園開園　1968（昭和43）年
室町時代の城跡（赤塚城）の一部に整備された区立公園。近隣に赤塚城址跡に造られた都立赤塚公園がある。中央にかつて農業用水として使用していた溜池があることからこの名が付いた。写真は池の周りで遊ぶ子どもたち。約150本の梅も植栽されている。

板橋交通公園開園　1968（昭和43）年
交通安全教育のために1968年（昭和43年）に開設された。自転車（補助輪付き含む）、三輪車、ゴーカートの貸し出しがある。園内にはかつての都電や都営バス車両も静謐保存されている。写真は開園の日に自転車に乗って元気に走り回る子どもたち。

若木第２公園（大型すべり台）
昭和45年
幅の広いコンクリート造りの大きなすべり台がある若木第２公園。大型すべり台は何人もが同時にすべることができるので人気。すべり台の下にはクッションの役割を兼ねた砂場が設けられている。

城北交通公園開園　1969（昭和44）年
板橋区にあるもう一つの交通公園で、1969（昭和44）年にオープンした。未就学児を対象とした自転車・豆自動車・三輪車を無料で貸出している。また、蒸気機関車・ミニSL・都バスの実物も展示しており、自由に見学できる。写真はオープンの日にカートに乗って走る子どもたちの様子。

常盤台公園　1971（昭和46）年
周辺は大きな戸建住宅が立ち並び､「板橋区の田園調布」と呼ばれる閑静な住宅街。春は桜が咲き、地域のお花見スポットに。木々の多い園内にはベンチも置いてあり、子どもたちには遊具も用意されているので、親子連れで長時間く楽しめる。かつては区立中央図書館が隣接していた。

上赤塚公園（ジャブジャブ池プール）　1971（昭和46）年
上赤塚公園は東武東上線の成増駅から徒歩８分ほどの場所にある公園。この公園の魅力は、中央にある「こどもの池」だ。リニューアルオープンしてじゃぶじゃぶ池にミニウォータースライダーも新しく付け替えられている。ただし、こどもの池は小学生以下の子どもたちが対象。

見次公園（春休み魚釣り大会）　1979（昭和54）年
都内でも珍しい自然湧水が池をたたえている見次公園は、様々な魚が棲息しており、板橋区公認の釣りポイントとして知られている。写真は1979（昭和54）年に行われた春休み魚釣り大会。子どもたちの姿が多く見られる。

加賀公園　1978（昭和53）年
板橋区の加賀１、２丁目、板橋３、４丁目一帯は、加賀藩前田家の下屋敷があったところだ。敷地は約22万坪で、なんと金沢の兼六園の約７倍。広大な敷地内には石神井川も流れ、築山や石、滝などが配されていた。加賀公園はその屋敷内庭園にあった築山の跡に造られた。

学校

図工の授業　上板第2尋常小卒業記念帳より　1936（昭和11）年
図工の授業で生徒たちは図案の理論を学んでいる。先生は２人いて、一人は授業中の様子も見ているようだ。生徒の中には着物姿の子も見受けられ、時代背景を感じさせる。

学芸会 上板第2尋常小卒業記念帳より　1938（昭和13）年
舞台の上で「非理法権天」という楠木正成の旗印を掲げているので、演目は楠木正成の劇であろうか。「非理法権天」の意味は、天道をあざむくことはできないから、天道に従って行動すべきであるという戒め。

修身の時間（上板第2尋常小卒業記念ｱﾙﾊﾞﾑより）　1938（昭和13）年
こちらは修身の時間。黒板に「御製」とあるのは、天皇が作る詩文や和歌のこと。「目に見えぬ 神にむかひて はぢざるは 人の心の誠なりけり」という天皇のお言葉を、生徒たちが声を出して詠み上げいるようだ。

常盤台小学校お弁当前に手洗い　1954（昭和29）年頃
お昼になったので、待ちに待ったお弁当の時間！我先に手を洗って教室に戻る、お行儀のいい常盤台小学校の生徒たちの姿が微笑ましい。まだ先生の言葉を素直に聞く年齢なのだろう。

板橋区立第五中学校の運動会
1957(昭和32)年
旧中山道の板橋宿など歴史のある地域に所在する板橋五中。石神井川も横に流れ都会の中では自然に恵まれた環境だ。写真は1957(昭和32)年ころに行われた運動会で元気に競技する生徒たち。

板橋区立板橋第一小学校の入学式
1957(昭和32)年頃
板橋区内にある紅梅小学校と並び最も歴史がある区立板橋第一小学校。通称は板1小。写真はその板1小の入学式。新一年生が神妙な顔で席に座っている。後ろに立つ父兄たちも緊張気味で真剣そのものだ。

小学生歯磨きの練習　1963（昭和38）年頃
歯磨きは、虫歯を予防するために欠かせない生活習慣だ。しかし子どもたちは歯磨きの意味や磨く動作もわかっていない場合が多い。そこで小学校では、新一年生に正しい歯磨きの仕方を教えていたようだ。

志村第四小学校の児童作品展　1963（昭和38）年１月
板橋区立志村第四小学校は、小豆沢貝塚が点在する、古い歴史のある土地に建てられている。1944（昭和19）年に開校しているので、写真の年は開校して19年目。写真はその年の１月に行われた児童作品展の様子だ。

学校教育に見る、激動の昭和

板橋史談会相談役　大澤鷹邇

関東大震災復興期は児童数急増

板橋区の昭和は、１９２３（大正12）年の関東大震災後、被害が少なかった板橋地域への流入人口の急増と、１９３０（昭和５）年の世界恐慌の日本への波及による不況の深刻化とが重なって始まった。

当然ながら板橋地区の人口も急増していた。小学校の状況をみると、１９２４（大正13）年に開校した板橋第二小学校はこの頃すでに二部授業となっていた。この解決策として、１９２７（昭和２）年に板橋第三小学校を開校したが、この小学校も翌年には二部授業にせざるを得なくなった。

このため板橋地区では、１９２７（昭和２）年から６年間に、板橋第三小学校・第四小学校・第五小学校・第六小学校の４校を増設し、児童の急増に対応したのである。

また、当時は大恐慌下で、そのしわ寄せは弱者に来た。各教室には何人かの欠食児童がおり、急遽、給食施設を設けて給食を実施した学校もあった。

この頃、修身の教科書に「勤倹」の理想像として掲載された二宮金次郎の像が校庭に建立されるようになり、苦難を耐えて忍ぶ生き方が奨励されていた。辛い時代である。

戦時下、小学校は「国民学校」と改称

板橋区は、１９３２（昭和７）年に誕生したが、当時の世相は激動の連鎖だった。前年の１９３１（昭和６）年に満州事変が起こり、１９３３（昭和８）年に日本は国際連盟を脱退、国内は非常時と称し、１９３６（昭和11）年に２・26事件が起きるなど、軍部が台頭し戦争とファシズムの時代へと向かった時代である。

そして、１９３７（昭和12）年に日中戦争が始まり、「挙国一致」体制が強化される。１９３８（昭和13）年には国家総動員法が公布され、戦争遂行のため、人的、物的資源を議会の承認なしに、勅令として運用する権限を政府に委任した。いよいよ統制された国民すべてが戦時体制下に入ったのである。

１９４１（昭和16）年４月１日から小学校は「国民学校」と改称された。国民学校は、初等普通教育を施し、国民の基礎的練成をすることを目的とするもので、儀式・学校行事・団体訓練・体錬科が重視された。

同年12月８日に太平洋戦争が始まる。日本軍は初戦こそ華々しい戦果を挙げたが、やがて米軍の圧倒的な戦力と最新の軍事技術の前に劣勢に立った。さらに、日本上空の制空権を失い、全国の主要都市が空襲された。

学童集団疎開など苦難の時代

１９４４（昭和19）年８月、空襲から子どもを守る目的で、板橋区域の国民学校19校の初等科３年生から６年生の児童が親元を離れて「学童集団疎開」に群馬県へ出発した。現地で児童は空腹に苦しみながら農家の野菜運びやジャガイモ掘りなどの奉仕活動を強いられ、学童全員が極度に衰弱した。

そして１９４５（昭和20）年８月15日、日本はポツダム宣言を受託し、無条件降伏して戦争が終結した。終戦後ＧＨＱ（連合国総司令部）は、軍国主義を排除して民主主義的教育実施の指令を出し、学校視察のための英字の校名表示（写真）を求めた。

小学校では新しい教科書ができるまで、従来の教

門柱前立札の英字表示はGHQの名残り 1953（昭和28）年３月
正門から見た志村小学校。左端、門柱前の立て札に「THE SHIMURA PRIMARY SCHOOL」と英字で表示がある。GHQが学校視察のために用意させた名残りである。

科書を墨塗りして授業が行われた。

戦後一転して民主化教育へ

ＧＨＱの要請で、１９４６（昭和21）年3月6日に来日した米国教育使節団は、同月30日に報告書を提出した。報告書では、日本の教育改革の基本的な方向を示した。同年11月3日、新憲法が公布され、これにより先の報告書に沿って、１９４７（昭和22）年3月31に教育基本法・学校教育法が制定公布され、小学校・中学校・高等学校の6・3・3制が制定され、小学校・中学校の9年間は無償の義務教育・男女共学とされた。

3年制の新制中学校が始まり、板橋区では１９４７（昭和22）年5月1日に11校が発足した。校舎は間に合わず、各校共に近隣の小学校などの教室を借りて開校した。

区内では、板橋地区が板橋第二・第三・第四、上板橋地区が上板橋第一・第二、志村地区が志村第一・志村第二・志村第三、赤塚地区が赤塚第一・第二で、計11校の新制中学が生まれた。

生徒数が減少、学校の統廃合時代に

１９７２（昭和47）年に入居が始まった高島平団地の生徒の受け入れのため、高島第一から第七小学校までの7校の小学校と高島第一中学校から第三中学校まで3校の中学校が建設された。かつての徳丸たんぼに団地と共に10校の小・中学校が出現したのである。

小学校児童・中学校生徒数は、１９８５（昭和60）年にピークを迎え、以降、児童・生徒数は減少し、現在は学校の統廃合が進められており、板橋区全体の学校数は減っている。

昭和22年開校の区立中学校11校の内、板橋第四中学校は、２００６（平成18）年3月末に板橋第三中学校に統合されて閉校した。板橋区最初の新制中学校11校の内、10校が存続している。

小学校の統廃合は8校ある。板橋地区では板橋第三小学校、板橋第九小学校、大山小学校、稲荷台小学校の4校。なお、稲荷台小学校の校庭に加賀小学校が開校した。志村地区は、若葉小学校の1校。高島平地区は、高島第四小学校、第六小学校、第七小学校の3校。２００２（平成14）年開校の高島第六小学校は、高島第四・第六小学校を廃校後、新しい小学校として誕生した。

小学校新1年生が校庭に整列
入学式前に校庭に整列する新１年生たち。色別のクラス旗の前に、上履きを手に下げてクラス別、男女別に２列に並び、校長先生の話を聞いている。周りにいる保護者たちも神妙な顔で見守っている。

東京からの「学童集団疎開」の第一陣として、専用列車で群馬県・妙義町へ向けて上野駅を出発する板橋区の児童たち。まるで遠足にでも行くような楽しい雰囲気で、車内中に笑顔があふれているのが印象的だ。しかし疎開先では、ひもじさと親恋しさから布団の中で泣く子が多かったという。◎1944年（昭和19年）８月４日 撮影：朝日新聞社

農業

徳丸ヶ原農村刈り入れ風景　昭和29年
徳丸ヶ原は明治に入り、豊富な荒川の水資源により耕地化が進み、「赤塚田んぼ」「徳丸田んぼ」と称された。昭和初期まで東京都で生産される米の７割を生産、東京屈指の米どころに発展した。写真は昭和29（1954）年秋の収穫期、家族の手作業で刈り入れする風景。

徳丸の農家　昭和29年頃
茅葺き屋根の家屋の前には葉物野菜が豊かに育ち、日当たりのよい家の前には、洗濯物や布団が干してある。昭和30年代まで徳丸や赤塚にはこういう農家が多く見られた。

四葉田植え風景　昭和37年

明治２（1869）年に徳丸ヶ原は大がかりな開墾が行われ、大正５（1916）年には352ヘクタールの水田から１万４千俵（840トン）の米を生産する穀倉地帯となった(JA東京中央会)。写真は徳丸田んぼの米作りの作業風景。昔通り手作業で苗を一本ずつ田植えしている。

サツマイモの収穫 昭和30年頃
撮影：三原福太郎

向原３丁目舟山でサツマイモを収穫する様子を撮る。この辺の農家では傾斜地を利用して農産物を育てていた。いまこの場所は向原団地の敷地となっている。

収穫され荷ごしらえされたゴボウ 昭和30年頃　撮影：三原福太郎
向原で収穫され荷ごしらえされた山盛りのゴボウ。ゴボウだけでなく、当時の農家では季節に合わせたさまざまな農作物が栽培されていた。

輸入品の芝刈り機を耕運機に改造　昭和32年　撮影：三原寿太郎
輸入品の芝刈り機を耕運機に改造し、リヤカーを連結して試運転をしている。荷台に子どもたちが４人も乗っている。ある意味で農業の機械化時代の幕開けである。

苗床で間引き作業をしている夫婦　昭和33年　撮影：三原寿太郎
向原１丁目の農家で、夫婦が苗床で間引き作業をしている。間引いた苗は「つまみ菜」として市場にでることもあった。しかし今は苗から購入することが多くなった。

大山駅前カブの仕入れ　昭和29年
大山駅前通りの八百屋さんの前に停車中のトラックには収穫されたカブが山盛りに積まれている。この活気あふれる通りは旧川越街道で、後の大山銀座通り、そしてハッピーロード大山と発展する。

畑で少女２人が麦踏みのお手伝い 昭和35年 撮影：三原寿太郎
向原１丁目の畑で、２人の少女が楽しそうに麦踏みのお手伝いをしている。麦の芽を足で踏むことは、根の張りをよくするので、農家がする早春作業の一つである。

徳丸ヶ原に舞い降りるしらさぎ 昭和38年
徳丸ヶ原にしらさぎが舞う、一枚の絵のような風景…。かつて幕府の直轄地だった徳丸ヶ原は、その後「徳丸たんぼ」と呼ばれる美田になり、さらに時代を経て、高層大規模団地の高島平団地が建ち、一変した。

徳丸田んぼ田植え風景 昭和39年
徳丸田んぼは、荒川の豊富な水源地を得て耕地化が進み、「赤塚たんぼ」「徳丸たんぼ」と称され、東京都で生産される米の7割を生産するなど、東京屈指の米どころになった。写真は徳丸田んぼの田植え風景。

徳丸田んぼ跡 昭和39年
徳丸たんぼは、荒川の氾濫原にもなったが、改修工事の後は、「葛飾田んぼ」「足立たんぼ」と並ぶ穀倉地帯となる。しかし、時代とともにだんだん田んぼでお米が作られなくなって行った。

1964年東京オリンピックの思い出

板橋史談会副会長　三原寿太郎

日本選手団入場 聖火台階段に菊が見える。◎撮影：浅見賢二

我が家の上空で五輪雲を撮る

板橋区の昭和は、1923（大正12）年の関東大震災　1964（昭和39）年に開催された東京オリンピックの時は、私がまだ19歳の学生で、比較的自由な時間があったので、趣味でいろいろな写真を撮って回っていました。

開会式では、航空自衛隊のブルーインパルスが青空に五輪雲（円形飛行機雲）を描きましたが、これは世界的な快挙だったそうです。

小さな円形飛行機雲を描くのは難しく、それも5つもあり、練習ではなかなかうまく行かず、本番で初めて成功したということです。

私は当時、テレビで開会式を見ていたのですが、五輪雲が描かれるというので、すぐカメラを持って外へ出ました。

開会式が行われている国立競技場（正式には国立霞ヶ丘競技場）は、我が家（板橋区向原1丁目）の南方にあったのですが、菊畑の南東方向の上空に描かれた五輪雲を撮ることが出来ました。五輪雲はやがて風で流れて、ただの飛行機雲になってしまいましたが。

余談ですが、2014（平成26）年5月の国立競技場のお別れイベントでも、ブルーインパルスが飛来。五色の飛行機雲が描かれました。これもテレビで見ていて、急遽カメラ片手に家の屋上まで昇り、撮影出来ました。

聖火台に咲いた黄色いボサ菊

ほとんどの人が覚えていないと思いますが、昭和39年の東京オリンピックの聖火台の階段の両側には、黄色いボサ菊がズラリと飾られていました。

「ボサ菊」というのは、東京都農業試験場が改良した鉢植えの菊で、菊はふつう茎が長いのですが、これからはアパートやマンションの時代になるからと、ベランダにもちょっとおけるように開発された小菊なんです。

菊の花が両側に飾られた階段を登る聖火

しかし、当時のボサ菊は品種改良前であり、人手で何回も芽を摘み作り出していました。

この菊を東京オリンピックの会場に飾ろうというプロジェクトが立ち上がり、開会式の前年に東京オリンピック組織委員会から練馬農協（現・JA東京あおば）花卉部に大量の注文が舞い込んだのです。

示された発注内容は、「ボサ菊1万鉢、規格は直径30センチ、高さ30センチ、鉢は5寸（直径約15センチ）、10月10日の開会式に7、8分咲き、納品は開会式直前」という厳しいものでした。

他の地域では技術的な理由で断られた中で、練馬農協花卉部が引き受けることになるのですが、その中心になって難題をクリアし、見事納めたのが当時練馬区羽沢で花卉農家を営んでいた私のいとこの浅見清代司氏でした。納品したボサ菊は、聖火台の階段のほか、陸上トラックの内側ラインや表彰台などにも置かれ、代々木競技場、駒沢体育館と選手村にも飾られたようです。

応援部隊として、我が家でも利用可能な畑がありましたので、一部の保管と水撒きのお手伝いをさせてもらいました。この縁で私も開会式の前日、納品するボサ菊を積んだトラックに乗って競技場に行きました。当日は聖火台の階段で最終聖火ランナーが点火の練習をしていましたが、それが終わるのを待って、階段の両側に箱に入れたボサ菊の鉢を並べました。待ち時間には競技場内を見学したり、撮影させてもらったりしましたが、これらもよい思い出になりました。

オリンピック開会式用の菊を選別する風景

菊の花が飾られる前の
聖火台階段

オリンピック開会式の空に
五輪の輪

工場

板橋の近代工業化は、１８７６（明治9）年、加賀藩下屋敷跡に新設された板橋火薬製造所で幕を開けた。１９２４（大正13）年までに従業員5人以上の工場は、板橋町の例で19ヶ所あったという。特に志村地区は関東大震災後、甲種特別地区に指定されたため、危険物取扱工場や化学工場などが多数移転してきた。これは都心に近く、河川の便に富み、丘陵が起伏しているという地勢的な理由も後押しした。こうして板橋区内の工場は飛躍的に急増。戦後の工業発展に大きな影響を与えていく。

エスビーカレー工場　昭和29年頃
昭和10年にエスビー食品の板橋工場が竣工。同15年から同24年まで同地を本社とした。昭和22年頃、工場入口の正面に写真に見るような国会議事堂を模した建物を竣工。「板橋の国会議事堂」と親しまれた。

舟渡の工場群(戦後)
昭和20年代後半から浮間や舟渡地区は工場街に発展した。昭和28年開校の舟渡小学校校歌では「荒川づつみと新河岸の流れ、生産増して工業さかり」などと歌われている。しかし一方では、「煙にも負けず音にもめげず、元気につどう強い子良い子」という一節もあり、この頃から公害問題は心配されていたようだ。

新河岸川板橋清掃工場　昭和37年
人口が増え続ける東京はゴミ処理が重大な課題であった。これを解消するため、昭和37年10月、新河岸川に隣接して板橋清掃工場が建てられた。その後昭和46年に２代目工場、平成14年には３代目工場が竣工し、現在も稼働中である。工場の煙突は地区のランドマークになっている。

坂下の工場地帯　昭和38年11月
新河岸川をはさむ、舟渡・坂下などの志村低地は工業地帯として発展。昭和30年代には化学工場も本格的に進出、一方で宅地化も進み、その結果、地下水の過度な汲み上げで地盤沈下を起こしたり、水質や大気汚染問題も住民たちを悩ませていった。

荒川堤防から舟渡・新河岸の工場を望む
昭和44年　撮影：三原寿太郎
明治43年の大洪水により、荒川の大改修が翌年から開始された。新河岸川はその一環で生まれた運河で、流域には昭和10年前後から大工場が移転。志村工業地帯の一角をなすようになった。

舟渡工場地帯(工場)　昭和46年
写真は、1955(昭和30)年に板橋区舟渡に設立された「第一硝子」の工場。よく見ると、煙突に「第一硝子」と記されている。前身は、1940(昭和15)年に北九州で創業された九州硝子。その後、本社・工場ともに板橋に移し、社名も「第一硝子」に変更。主に中・小型の透明瓶を製造、薬品向けの瓶の市場占有率はトップクラス。

舟渡工場地帯(住宅)　昭和46年
写真は昭和46年頃の舟渡工業地帯の様子。ズラリと並ぶのは、工場に勤める人たちのために用意された住宅群。このエリアは板橋区の北部にあたり、小さな工場から大規模な工業施設が多数立地し、職住近接で建てられたが住宅も密集している。

民俗芸能

田遊び

徳丸北野神社田遊び　昭和40年

田遊び(諏訪神社)昭和48年

田遊びは旧正月にその年の五穀豊穣と子孫繁栄を祈る農耕予祝神事。板橋区では国の重要無形民俗文化財に指定されている「徳丸北野神社田遊び」(２月11日)と、「赤塚諏訪神社田遊び」(２月13日)のほか、赤塚４丁目の氷川神社でも行われている。

赤塚諏訪神社獅子舞 平成28年３月

毎月３月の第２日曜日、五穀豊穣・悪疫退散を祈願して赤塚の諏訪神社(大門)と八幡神社(赤塚６丁目)で、赤塚諏訪神社獅子舞保存会による獅子舞が奉納されている。この獅子舞は板橋区の無形民俗文化財に指定されている。

徳丸四ツ竹踊り 令和５年５月

毎年５月５日、徳丸の北野神社で獅子舞とともに奉納される板橋区指定文化財(民俗芸能)である。手に持った四ツ竹を打ち鳴らしながら踊るのが特徴だ。この踊りは赤塚の大門地区にも伝わっている。

イベント

戸田橋花火大会 昭和29年

花火大会荒川・戸田橋 昭和49年
戸田町(現・戸田市)との共催で昭和27年から行われた納涼戸田橋花火大会。その後一時中断したが、昭和48年に区民納涼花火大会として復活した。

国指定重要無形民俗文化財「板橋の田遊び祭り」の一つ「徳丸の田遊び」。板橋区徳丸本町の北野神社境内で、「もがり」と呼ばれる４メートル四方の板敷の「舞台」で、しろかき、田植え、鳥追い、草取り、稲刈りと、田仕事の全コースの所作が繰り広げられ、写真は「しろかき」の場面。◎1979（昭和54）年２月11日 撮影：朝日新聞社

上板橋南口商店街(上板朝市)　昭和53年
板橋区は現在も朝市事業として、日曜日の朝に区内の２ヶ所(板橋宿不動通り商店街と蓮根中央商店会)で「朝市」を実施している。写真は昭和53年頃の「上板朝市」。大勢の人たちで賑わっている。

板橋農業祭り(阿波踊り)　昭和54年
板橋農業まつり」は、板橋に残る農業の姿を紹介し、収穫を盛大に祝おうと開催されているもの。農産物のほか、盆栽や苗木などの展示販売が行われる。写真は昭和54年の板橋農業祭りでの阿波踊り。

阿波踊り(仲宿商店街)　昭和40年10月
旧中仙道の最初の宿場町「板橋宿」に沿って南北に伸びている仲宿商店街。小さな町域だが活気あふれ、戦後いち早く有志により中元売り出しが挙行、「仲宿商店会」も結成された。写真は昭和40(1965)年10月のお祭りで商店街を練り歩く阿波踊りの列。

(上)ロードレース五本欅付近
昭和40年
(下)第25回区内駅伝
昭和47年2月

写真(上)は、昭和40年に行われた区内一周のロードレース。交通事情で現在は走れなくなった川越街道五本ケヤキ付近を走っている貴重な写真だ。
写真(下)は、昭和47年２月、第25回区内駅伝に参加した選手たち。この駅伝は2023(令和５)年では第76回が行われたので、いかに歴史のある大会かわかる。

志村銀座商店街地下鉄開通記念パレード　昭和43年12月
大渋滞の中をノロノロ走った都電に代わり、早くて安全な都営地下鉄６号線(後に三田線と改称)が志村〜巣鴨間で開通。写真はその地下鉄開通を祝い、赤穂浪士の扮装で志村銀座商店街を行くパレード。

公害対策

工業発展の一方で、昭和30年代後半から大気汚染など都市の公害が大きな問題となっていった。板橋区内でも、新河岸川を挟む舟渡・坂下地区は深刻な問題を抱えていた。昭和30年代、染料などの化学工場の進出が本格化する一方で、急速な宅地化も進んでいたからだ。地下水の過度な汲み上げが地盤沈下を起こし、水質汚濁や大気汚染も住民たちに甚大な被害をもたらした。

このため板橋区は、昭和40年、23区に先駆けて建築部建築課に公害係を設置。以後、本格的な公害対策に乗り出していった。

公害ポスター　昭和45年12月
公害防止ポスター審議会で選ばれた公害防止ポスターの優秀作品。「青い地球はどこへ行く」というフレーズが審査員の評価を得て選ばれた。

公害防止ポスター審査会　昭和45年11月
板橋区では、昭和45年から56年にかけて、小中学生公害防止ポスターを募集。優秀作品を印刷し、各工場などへ配布した。写真は昭和45年11月に行われた審査会の模様。

「騒音、振動」の公害調査　昭和47年２月
こちらは実際に車が走行する道路に行き、自動車の騒音や振動が区民にどの程度の悪影響を及ぼすか、を調査している係員たち。

「水質汚濁」の公害測定　昭和47年２月
写真は水質汚濁の実態を調査している係員たち。河川の水をバケツで汲み、水質の状態を測定機で調査している。

「首都高速工事中」の公害測定　昭和48年11月
首都高速道路の工事の騒音や振動が区民の生活にどのような悪影響を与えているか、を測定中。測定機を前に真剣な表情の係員。

赤羽西五丁目
陸上自衛隊十条駐屯地
赤羽西六丁目
稲付館
京光学機械
西児童館
赤羽西四丁目
大松寺
赤羽西出張所
第三岩淵小学校
赤羽西二丁目
法真寺
稲付中学校
赤羽西三丁目
蓮沼町
赤羽商業高校
稲付公園
稲付館
国立サッカー場
西が丘一丁目
北区
本蓮沼駅
西が丘三丁目
体育館
西が丘競技場
梅木小学校
都営地下鉄三田線
志村第三小学校
工業技術センター
西が丘二丁目
十条仲原
国立国語研究所
高等職業訓練校
児童館
清水町
上十条五丁目
十条電話局
水道局北部
王子第三小学校
警視庁分駐所
家庭裁判所調査官研修所
北ノ台小学校
東京地検第二庁舎
上十条四丁目
稲荷台小学校
児童館
上十条三丁目
富士見病院
板橋本町駅
加賀中学校
大和町
本町
附属病院
王子第五小学校
児童館
帝京大学医学部
富士見中学校
智清寺
板橋第三小学校
日曜寺
幼稚園教員養成所
帝京大学中・高校
加賀二丁目
板橋第二給水所
朝鮮中・高級学校
医師会館
文殊院
仲宿
板橋給水所

昭和58（1983）年当時の板橋区

建設省国土地理院「1/10000地形図」

田福寺
西台公園
若木三丁目
徳丸出張所
北野高校
徳丸二丁目
若葉小学校
徳丸小学校
西台四丁目
徳丸三丁目
大木伸銅工業
若木二丁目
板橋西清掃事務所
東武練馬駅
若木小学校
若木一丁目
北町二丁目
北町病院
田柄川緑道
上板橋三丁目
北町一丁目
北町小学校
川越街道
北町電話局
上板橋駅
上板橋二丁目
錦二丁目
花岡病院
平和台二丁目
金乗院
錦一丁目
平和台図書館
保健相談所
桜川三丁目
平和台一丁目
平和台授産場
仲町小学校
仲町診療所

昭和58(1983)年当時の板橋区

建設省国土地理院「1/10000地形図」

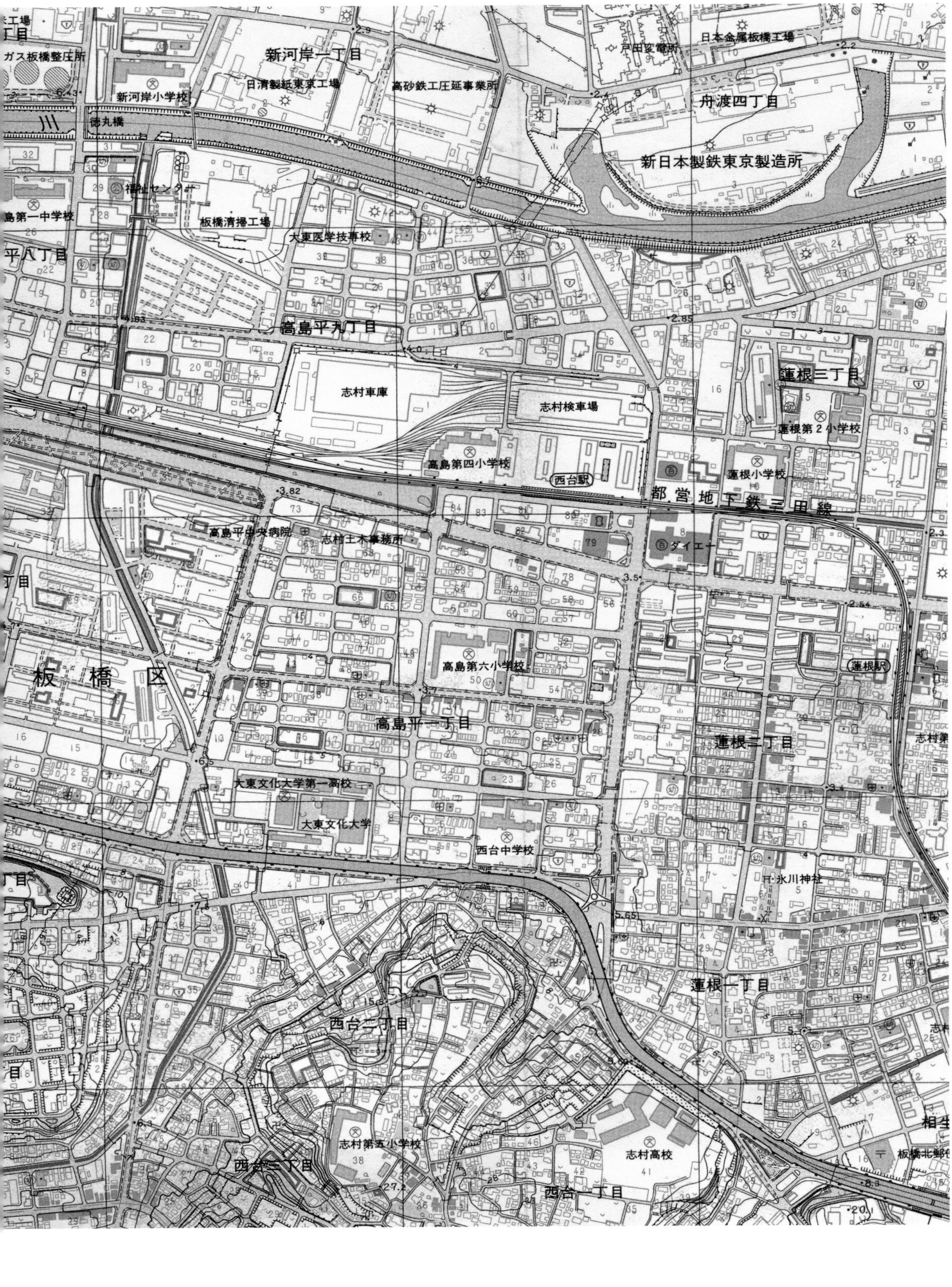
日本金属板橋工場
戸田変電所
新河岸一丁目
日清製紙東京工場
高砂鉄工圧延事業所
舟渡四丁目
新河岸小学校
徳丸橋
新日本製鉄東京製造所
福祉センター
板橋清掃工場
大東医学技専校
高島平九丁目
志村車庫
志村検車場
蓮根三丁目
蓮根第2小学校
高島第四小学校
西台駅
蓮根小学校
都営地下鉄三田線
高島平中央病院
志村土木事務所
ダイエー
蓮根駅
板橋区
高島第六小学校
高島平一丁目
蓮根二丁目
大東文化大学第一高校
大東文化大学
西台中学校
氷川神社
蓮根一丁目
西台二丁目
志村第五小学校
西台三丁目
志村高校
西台一丁目

昭和58（1983）年当時の板橋区

建設省国土地理院「1/10000地形図」

【著者プロフィール】

山下ルミコ（やました るみこ）

郷土史研究家。産経新聞社大阪本社、サンケイリビング新聞社などの記事執筆を長年にわたり続ける。
主な著書に『阪急神戸線 街と駅の1世紀』(彩流社)、『足立区 大人の歴史散歩（リブロアルテ)、『東京メトロ東西線、都営地下鉄新宿線 街と駅の半世紀』(アルファベータブックス)、『東京今昔散歩』(JTBパブリッシング)、『東武東上線ぶらり途中下車』『都電荒川線沿線ぶらり旅』『阪急神戸線ぶらり途中下車』(フォト・パブリッシング)ほか著書多数。

【写真提供】

板橋区公文書館、板橋区立郷土資料館、常盤台の景観を守る会、
前野原温泉「さやの湯処」、朝日新聞社

【写真撮影】

井上富夫、荻原二郎、久保雅督、竹中泰彦、山田虎雄

写真が語る激動の1世紀

板橋区のいまむかし

2024年6月30日　第1刷発行

著　者……………………山下ルミコ
発行人……………………高山和彦
発行所……………………株式会社フォト・パブリッシング
〒161-0032　東京都新宿区中落合2-12-26
TEL.03-6914-0121 FAX.03-5955-8101
発売元……………………株式会社メディアパル（共同出版者・流通責任者）
〒162-8710　東京都新宿区東五軒町6-24
TEL.03-5261-1171 FAX.03-3235-4645
デザイン・DTP ………柏倉栄治（装丁・本文とも）
印刷所……………………サンケイ総合印刷株式会社

ISBN978-4-8021-3442-2 C0026

本書の内容についてのお問い合わせは、上記の発行元（フォト・パブリッシング）編集部宛ての
Eメール（henshuubu@photo-pub.co.jp）または郵送・ファックスによる書面にてお願いいたします。